心有所定，不畏浮世

张德芬 × 主编
ZHANG DE FEN

北京联合出版公司
Beijing United Publishing Co.,Ltd.

图书在版编目（CIP）数据

心有所定，不畏浮世 / 张德芬主编. —北京 : 北京联合出版公司, 2017.6

ISBN 978-7-5596-0538-2

Ⅰ. ①心… Ⅱ. ①张… Ⅲ. ①女性—修养—通俗读物 Ⅳ. ①B825.5-49

中国版本图书馆CIP数据核字（2017）第111120号

心有所定，不畏浮世

主　　编：张德芬

责任编辑：夏应鹏

特约策划：张德芬空间

北京联合出版公司出版

（北京市西城区德外大街83号楼9层　100088）

北京盛通印刷股份有限公司印刷　新华书店经销

字数：180千字　700mm × 980mm　1/16　印张：15.5

2017年6月第1版　2017年6月第1次印刷

ISBN 978-7-5596-0538-2

定价：39.80元

当我们真的发挥出女性特有的能量后，就可以像繁花一样绽放，活出自己真实、舒服的样子。

——张德芬

心有繁花，不畏浮世

女人的特质，一直都是一个非常隽永的话题。是呀，相较于男人，女人有各种各样的丰富性，甚至有些相反的特质都可以在一个女人身上找到。在这本书中，我们邀请了多位作家，就各种不同的女性特质，进行了360度全视角地探讨和阐述。

多年前，我提出了“温柔地坚持，脆弱地要求”这一观点，引起很多女性朋友的共鸣。这是一个女人才有的特点，我们有自己的坚持，但是这种坚持不是坚不可摧的力量，而是以柔克刚的温柔。同时，女人又有一种特别神奇的包容力，可以像大地一般承载各种压力，并且能够将压力消融于无形。

几百年前，有一位女性的知己，以怜惜之情，记述了各种女性生活中的千姿百态，他就是《红楼梦》的作者曹雪芹。曹雪芹应该不会想到，21世纪，会出现一种叫“作女”的女人，她们虽然没有林黛玉的才华和善良，却与她一样敏感纤细和爱“作”。女人如何有情趣又不作，这是我们需要知道和学习的。

我们都知道男人常常被比喻为太阳，而女人则是月亮。我们也想看看，这些女性是怎样兼顾日月之光华，平衡阴阳，而又不偏颇、不依赖的。

近年来，心灵成长这个话题甚为流行，不过关注这个话题的绝大多数都是女人。女人爱学习、肯学习，这跟女性特质的柔软、有弹性有关。我们的社会太强调男人的责任，男人们身上的包袱越来越沉重，相对轻松的女人就应该抓紧更多时间学习新知、充实自己，活出自己想要的生活，而不是活给别人看。

当我们真的发挥出女性特有的能量之后，就可以像繁花一样绽放，活出自己最真实、最舒服的样子，这是我所期盼看到的。相较于从前时代的女性，我们现在是有最棒的资源和环境来绽放自己的。最后送大家一句我非常喜欢的话——

当紧缩在花苞中终究比绽放还痛苦时，时机就成熟了。

你还等什么呢？拾起这本书，和我们一同绽放吧！！

张德芬 2017年5月于北京

扫描二维码，关注“张德芬空间”
就能和张德芬微信对话啦

目录

Contents

Chapter1 像花瓣一样柔软

温柔地坚持，脆弱地要求。——张德芬

Chapter2 如大地一般慷慨

体贴地给予但不牺牲；懂得退让、适度吃亏但不委屈。——张德芬

Chapter3 像孩童一样有趣

戏而不作，女人要有趣，有情调，但不是作。 ——张德芬

Chapter4 像日月一样平衡

既能像太阳一般，把光和爱散发给他人，
也能像月亮一般，温柔地守候、等待。
——张德芬

Chapter5 如水一般流动

永远在流动，顺应环境的变化，并且不断地学习、成长。——张德芬

Chapter6 如你所是的那样绽放

诚实面对自己的黑暗和痛苦，勇敢活出自己真实的样貌。——张德芬

百合

安静而有力量
愿你内心柔软

Chapter1 像花瓣一样柔软

温柔地坚持，
脆弱地要求。

呼唤你的女性能量

每个人体内都有女性与男性两种能量，
正如天上有月亮也有太阳，
太极有阴也有阳。

我们会说月亮不好吗？
我们会说阴不好吗？
不会。
那只是自然的平衡法则，
没有对错好坏。

但为什么我们压抑自己身体里的女性能量呢？
我们说它情绪化，
软弱、多变、太柔软、太疯狂。
我们不愿面对自己的欲望，
说那太不庄重、太羞于启齿。

错了，错了，
女性能量是最神圣的能量，
万物因此而起，
世界从此有了色彩与情感，
她是神，
我们应该荣耀她，呼唤她。

凝视你的女性能量

压抑、忽视、不敢碰触，是我们对待内在女性特质的普遍方式。

她喜欢什么，渴望什么，怎样才会被滋润，我们都假装听不见。于是女性内心的能量开始枯竭，负面情绪深埋在底层以致腐坏，我们却以为这样代表着自己很独立。

阴与阳，月亮与太阳，黑夜与白昼，女人与男人，是自然平衡法则，我们每个人体内，也同时兼具女性能量与男性能量，但似乎为了生存，女人总是迫使自己越来越像男人，越来越多的女性正在逐渐与内在真实的自我疏离。

我们发觉自己越来越不女人了。这个发现其实很震撼，毕竟“我明明就是个女人呀！”对于扮演女性这个角色，我们就像呼吸一样自然，从没有仔细想过，拥有女性性征其实并不等同于我们就已经活出了女人的光彩。

我们渐渐发现，平常不管在职场还是家里，像男人一样处理问题的次数远远多过像女人一样处理问题。对外我们告诉自己要坚强，要有担当，要为女性争一口气，要表现出“女人也可以”的架势，我们争取，我们不轻易退让；面对家人，我们或是忍耐，或是积极和解，想要帮家人处理压力与负面情绪；面对伴侣，我们要平等，不可以让性别影响我们之间的责任与义务分配，也不可以成为附属品，我们要证明自己是新时代的女性……于是学了太多，懂了太多，工具也太多，不断急切作为的结果就是，事实上，我们已经不知不觉地变成了披着女性外衣的男人。

你的内在女人还好吗

早上起床时，对着镜子里面的那个女人，你有欣赏她眼中的光彩，对她展开微笑吗？好像没有，你也许只看到她眼中藏着倦怠。

午餐时间，你拿着钱包一个人走出办公室，找家舒适的餐厅坐下来用餐，觉得自己好独立，能够享受独处。事实上，你根本想不起来上一次自在地跟一群女人喝咖啡谈天、交换生活惊喜是什么时候了。

周末，你忙着上各种课程给自己充电，或是去健身房锻炼核心肌群，希望自己内外皆健康，又或者操心孩子的各种问题，但你却没时间安安稳稳地跟爱人相处，享受两人的世界……

如果不去面对内在真实的自己，我们又怎能跟外界其他事物“恋爱”？所以我们对工作、对爱情、对个人成长、对外在形象、对生活中的一切都只有短暂的热情，无法长久。这时候我们真的需要停下来，听一听内心的声音，问一问自己，你还好吗？

用充满爱的吻唤醒内在的睡美人

你的内心深处，是不是也有这样一个被冷落的女人？她正渴望你用爱浇灌，让她如玫瑰般绽放。

这是我们对内心女性能量的探索之旅，我们希望透过解读那些美好的女性特质，讲述那些活色生香的女性故事，帮助你找到呼唤女性能量的方法，唤醒你内在的睡美人。请随着我们的脚步，一起进入神秘花园，寻找这个礼物吧！

放松身心，静静阅读，让我们一起召唤内心的女性能量吧！

女人如花，智慧芬芳

| 张德芬

亲密关系的最大致命伤就是：你太看重他以及你和他之间的关系了。

前一段时间和朋友丁锐（Ting）去日本参团旅行，途中和他说起前夫是个不知冷暖的男人。有一次我们和朋友吃饭，坐在那里我觉得好冷，就跟他说，我好冷。他只看了我一眼，就回过头去继续笑谈，后来我发现他车上其实有一件外套，却根本想不起来给我穿。

朋友毕竟是男人，有不同的看法。他说，你是成年人了，难道还不能处理自己冷这件事？我一听，呆了半晌，自己从来没有用这个视角去看过事情，挺有趣的。虽然听起来很有理，但我相信在亲密关系中的人，多多少少都会产生退化行为，就是不自觉地把对方看成是自己父母的替代，因而期盼对方能够满足自己的一些基本需求。

这是无可厚非的，小两口之间打情骂俏，需要这种童稚的行为来作为润滑剂。但是，如果这种“我要你满足我所有需求”的心态扩大开来，从生活、行为（有些人其实挺享受照顾别人的）到了心理需求（我不快乐都是你的错，我的幸福你要负责），那就是严重的心理退化行为，会扭曲了亲密关系。

所以，如果在亲密关系当中，当一个女人无法抽身自如地在“母亲、妻子、女儿”这三个角色中转换，或是当对方不自觉地把你视为母亲的替代，认为你“应该”怎么样的时候，问题就会出现。更可怕的就是，老公基本上在潜意识层面把老婆当成自己的妈，那么就更麻烦了。

首先，这个男人可能无法和一个心目中的“妈妈”做爱。这件事发生在很多婚姻关系当中，尤其是心理对母亲非常有抵触的男人，一旦觉得你的能量就是个“妈”，那么夫妻间的亲密，尤其是“房事”，就一定会受到妨碍。

其次，这个男人会展开诸多“不负责任”的行为，因为孩子在母亲面前是不需要负责的。最后，一副吃定了老婆的样子，让很多女人感到憋屈。久而久之，你真的成为他母亲的替代品，说一句话就会让他勃然大怒，因为潜意识中的童年创伤需要有人负责，他自然就找你算账。

如何在众多的角色（妈妈、妻子、女儿）中转换自如呢？首先就是你需要掌握“控场”的能力。也就是说，两个人相处的时候，不只是浓情蜜意或是权力斗争，而且是带着意识和对方相处，时刻明了彼此“地位”的起伏。这需要很高的觉知力，只有对彼此的言行有所觉知，才能更好地调适彼此的关系。

我觉得Ting是个关系高手，根据他的自述，他对于“被动性”（没有选择的，天生的）的关系，也就是家庭中的角色（儿子、兄弟等）非常反感，因为他的家人不好相处，不是同一个路子的。他够冷，父母过世后和唯一的姐姐也不来往，因为不愿意被“亲情”绑架，做自己不乐意的事，或是与不喜欢的人相处。

而在“主动性”关系里（自己有选择的关系），他是游刃有余的，因为可以选择，所以他只选择跟自己合拍的人在一起。这个其实大家都会，找“一开始就合拍”的人并不难，难就难在相处的问题上。Ting在和主动性关系的人相处方面，一直是高手。除了一些多年的老友之外，他的亲密关系已经维持了十几年，两人还是有说不完的话，共同生活、相互支持，真正是相濡以沫的关系。

我从旁观察，首先就是，他的关系里没有“应该”，他们从来不会拿彼此的关系来绑架对方，规定对方一定要怎么样。其次就是，他们彼此之间没有“占有”的概念，因为在精神层面已经融合在一起了，所以双方是非常自由的。最重要的是，在十多年磨合的过程中，常常因为一件事情产生观念分歧，对彼此有所不满的时候，他们可以花整夜来探讨心中的感受，刨根究底地找到症结所在，然后加以化解，保证不留隔夜气。

也许你会说，在关系里需要两个人都愿意这么做，其实不需要。关键就是你是不是掌控关系的人，在关系中，真正可以放下、放手的人是主导者，你说了算。如果你是主导地位的，而你心目中也确认这样的关系是你想要的，那么你就可以“带领”对方走向一段水乳交融的关系。不过，这里说的“掌控”“主导”并不是所谓的“强势”、让老公什么都听你的。这里说的主导，是精神层面的，真正厉害的女人，是让老公言听计从但却觉得自己是个被尊重的大男人。

当然，如果对方是个“不成熟”的成年人（很多成年人情绪通常非常不成熟），那你得花很多时间，创造各种必要的环境让这个男人成熟长大。就像著名演员刘涛的婚姻，就是她一手主导、塑造、最后成就的。刘涛的智慧和情商是浑然天成的，Ting的理性和运气（碰到一位志同道合的伴侣）也是天生的，但是我们这些亲密关系中的弱势族群（运气不好、某些情商比较低），就必须跟着这些成功者的脚步，追随他们。

根据我个人的经验，亲密关系的最大致命伤就是：你太看重他以及和他之间的关系了。你刷了太多存在感在上面，并且乐此不疲。像Ting就告诉我说，他和伴侣之间很少谈到他们的“感情”问题，也就是说，一般我们想象的风花雪月、你侬我侬，并不是一段健康关系的必需品。而生活上的合拍，个性的兼容，价值观的相同，才是促成一段长久良缘的主要因素。

从女孩到女人，女性能量的成长旅程

| 魏相相

当女性的内在能量被真正唤醒时，女人才能达到富足、自由、充满坚定温暖的爱的状态。

身为女性，你的朋友会怎么评论你的女性特质？说你是性感的、娇艳的，或是可爱得像一个孩子，还是包容、严谨得像一位母亲？

在你的两性关系里，如果你的伴侣觉得你像孩子一样反复无常，或者只是像母亲一样照顾着对方的饮食起居，那么你在两性关系中很可能只表达了女孩和母亲的能量，有可能压抑了身为女性最重要的能量——女人内心能量的表达。

在生命的某些阶段，我们的教育和文化压抑了女性内在能量的成长。女性能量的压抑让我们在两性关系里扮演女人角色时，缺少了女人角色应有的冲击力和饱满。

女孩就像一颗种子，在母亲的滋养下，散发着轻灵，充满了童趣、天真、无忧无虑、任性、被宠爱、野性，对世界充满着好奇。

女性的内在能量是经由女孩到少女的成长开出的花，性感、娇媚、激情、美丽、绽放、浪漫、野性、强大的创造力、吸引力。

母亲能量是经由花朵成长蜕变成的果实，具有保护、温和、安定、包容、奉献、坚韧、丰硕、优雅、自信。

这是女性能量在生命的不同阶段中所焕发出的美丽状态。

如果女性能量在成长蜕变的过程中被压抑了，就会发展出胆小、依赖、讨好、防卫，觉得世界是不安全的……既而会害怕被评判，不敢面对自己的真实需求，不能接受自己的缺点，会担心不被尊重，变得干枯、贪婪、羞耻、刻薄、唠叨、利用、麻木，不敢去爱，也不敢被爱，觉得自己不值得拥有美好的人生。

如果压抑了女孩和女人能量的表达，母亲的能量就变得苦涩、指责、掌控、害怕、麻木、后悔甚至提前衰老。

女孩、女人和母亲能量并不是独立存在的，在不同的年龄段所对应的能量形式会被自然地唤醒并运用到角色里。

如果某一年龄段的女性能量有所压抑，就会造成一些不良后果。例如，小女孩也会有性反应，对父亲的阳性能量有崇拜的感觉，当小女孩去抚摸自己的性器官时，父母不去打骂或是评判，孩子体验了这种对她来说只是一种愉快的体验后，成长的需求会让女孩自动地放弃这种行为。如果父母去打骂或是过于关注，女孩会觉得愉悦是羞耻的，享受愉悦是不好的，以后在经历所有的愉悦感时都会勾出这个记忆，从而不敢享受愉悦的生活。

少女是女孩过渡到女人的重要转化时期，这个时期如果能看到父母表达彼此的爱和成熟地处理冲突，少女就有了榜样，在以后的两性关系中就懂得怎么和同龄人恋爱相处，并能真实地展现完整的女人能量，直到根深叶茂。像花的绽放，经历了花开叶散再进入到硕果累累的母亲能量，最后完成了生命的过渡，又会回到少女的空灵、天真状态。这是女性能量从种子到花朵再到果实一连串的成长蜕变，最后形成一颗智慧的种子，融入生命中。

如果女性能量在女孩阶段没有被完整表达，被压抑的部分就会以情绪记忆的形式附着在女人和母亲的能量里，造成女人和母亲角色的失调。例如当女孩没有获得身份的尊重，在童年时期被挑剔和评判，女孩的野性和任性的能量就会被压抑住；或者过早承担生活的重任，让女孩失去无忧无虑的天真能量。

又或者父母关系不和，有些女孩不能自然对待俄狄浦斯情结，会让俄狄浦斯情结一直持续到两性关系里，女孩会去找一个年纪大，和父亲相似或是迥异的男性，在两个人的关系里继续去获得女孩的完整体验。寻找和父亲相似的人是因为女孩在父亲那里得到了更多的关注，选择迥异的人，可能是被父亲忽略或不被父亲认可，对方被幻化成了女孩童年时的父亲，极度渴求伴侣的尊重和认可，让自己的两性关系非常辛苦。

同时，当一个人在两性关系里很难表现出具有冲击力的女人能量时，如果成为了一位母亲，要去撑起母亲的责任是非常艰难和痛苦的。或许经过了生育，她的女人能量被唤醒，如果伴侣这时不能满足她的需求，矛盾和冲突就会出现在关系里，让他们的孩子受到影响。

两性关系和人际关系里的冲突和痛苦，很多都是女性没有在女孩、女人和母亲的角色里获得满足和接纳，让我们不能自如地转换自己的角色，从而压抑了生命各个方面的体验。

通过探索自己在成长过程中哪一部分的能量被压抑了，从而去唤醒、接纳和疗愈彼时的自己，整合女孩、女人和母亲能量，当女性能量完整时才能达到富足、自由、充满坚定温暖的爱的状态，这是女性能量的成长方向。

Alice的丈夫比她大十岁，刚刚认识他的时候，她觉得对方又温暖又包容，总是接纳自己的无理取闹，给了她强大的安全感，于是两个人很快就结了婚。婚后没有多久，Alice觉得丈夫只把自己当成小女孩，从最开始的接纳变成指导自己的一言一行，让她觉得自己做什么都是幼稚的，当她要坚持自己的观点时，他们就会吵架。为了维护关系，她必须要继续像一个孩子，让对方为自己打点好一切，她越来越不快乐，而丈夫也觉得她越来越作，让他很烦躁。

在一次争吵中，Alice觉得自己不再是小女孩，而是充满了张力和激情的母豹子，她不再害怕对方评判她、不理她，也不怕对方的愤怒和攻击，那一刻，他们突然发现这就是一个男人和女人的冲突，而不是女儿和父亲。那天他们吵得很彻底，吵完后两个人抱头痛哭，丈夫说，他终于可以扬眉吐气地说出自己的不满了，Alice说，她终于可以勇敢表达自己激情四射的一面了，后来他们把这股男人和女人的能量表达方式运用在性爱里、生活里，运用在支持鼓励对方，以及帮助对方成长的层面上。有时候他们的女孩/男孩和母亲/父亲的能量也流入在关系里，这让两个人的婚姻充满了激情、童真、温暖以及包容，他们学会了运用能量赋予生命角色力量。

海灵格家庭系统排列的理念就是帮助人们认识到自己在关系里所处的角色是否健康。他认为生命就是关系，在每一种关系里都有一个角色，这个角色有自己的能量要表达，如果我们在关系中角色错位了，就会给自己和对方带来很多的痛苦和困扰，在两性关系里角色错位，既带给彼此痛苦，也阻碍了两个人的成长。

当我们把对父亲的情感投射到丈夫身上，把对母亲的情感投射到妻子身上时，就在两性关系里失去了平等、独立和自由的成长空间。只有我们能在两性关系中做一个真正的女人时，我们的女性能量才能被完整呈现，我们的爱、激情和创造力才会滋养到这段关系，滋养我们的整个生命，活出如花的女性能量。

作者 | 魏相相，花香能量情绪疗法创始人，英国芳香基因学情绪治疗师，IFA英国芳香疗法治疗师，花香冥想引导师，中国家庭教育指导师，在艺术治疗、心理学、芳香疗法、女性情感和静心冥想领域有15年的实践经验。

女性能量的探索与转化方法

| 魏相相

扫一扫“码上听”探索你的女性能量

女孩能量的探索：

1. 小时候，你有过无忧无虑的感觉吗？

2. 小时候，你和父亲亲近时有什么感觉？是美好的，还是不被接受的？

3. 小时候，你最不被允许做什么？

4. 小时候，你的父母让你承担了哪些重任？

5. 小时候，你被挑剔得最多的是什么？

6. 小时候，你从家族里的女性长辈那里得到的鼓励多还是评判多？

7. 小时候，你周围的人如何评价你的女孩角色，你有什么感觉？

女人能量的探索：

1. 你觉得自己性感吗？

2. 你对性感、开放、能吸引男人的女人有什么感觉？

3. 你在性爱中会表现激情、野性和放荡吗？

4. 你觉得幸福与不幸是来自伴侣或家人的态度吗？

5. 你敢真实有力地向伴侣表达你的需求吗？

6. 你担心伴侣会抛弃你吗？

7. 你允许自己去追求想要的生活吗？

母性能量的探索：

1. 你会过度控制孩子吗？
2. 你会用生病来掌控家人吗？
3. 你会过度指责或溺爱孩子吗？
4. 你会把生活中的困苦和不满归罪到孩子身上吗？
5. 你会限制孩子的情感交往吗？
6. 你会依赖孩子来承担家里的重任吗？
7. 你觉得自己的女孩和女人能量被完整地表达了吗？
8. 这一刻你最想当一个女孩、女人还是母亲？为什么？

冥想引导词：

最好是周末，在一个安静而不被打扰的空间里，你可以用花朵、蜡烛、音乐、香气来营造一个舒服的氛围。然后静静地坐着，做几个深呼吸，用呼吸连接自己的心，打开心和身体的感觉，然后探索你的女性能量发展过程的状态。

在你看到每一个问题时，把手放到胸口，一边呼吸，一边去体会这个问题带来了什么感受，身体里有什么感觉。如果身体有堵塞或是紧张的感觉，就把一只手放到那个位置，把呼吸带到那个位置，然后放松，去感受这是在你生命的什么时期发生的，让那个感觉通过语言或是情绪的方式表达出来。如果是女孩的情绪能量，你可以站起来，像孩子一样去表达这种情绪和感受。如果是女人的情绪能量，就让你的身体用女人的方式去表达。如果你觉得自己母性的能量被压抑了，那么就像一个母亲一样拥抱自己的身体，让你的身体来表达这些情绪和感受，你觉知着这一切，慈悲地接纳你的所有表达。

这时你会感觉到身体在发热，能量越来越高，静静躺下，去感觉这股能量从腹部往眉心蔓延，然后顺着眉心从头顶到后脑勺，再到颈椎和脊椎，一直蔓延，一圈圈循环。当你觉得舒服时睁开眼睛，慢慢地喝一杯水。

后来终于放弃了蛮力，向生活示以温柔

｜颜卤煮

温柔和力量并不矛盾，恰恰相反，只有有力的人，才能真正温柔。

曾听说过一句话：爱，是对力量的放弃。

刚听到这句话的时候，我愣了一下。

人年轻时总是易怒不满、充满戾气，以为通过三言两语便能看透人心，用规则就能统摄整个世界。

大概这是因为性情单薄，不懂生活的复杂性，所以笃定单一而明确的东西。一旦事与愿违便难以容忍，认为事情若不朝着明确方向进行，就是不正确的。

这种“顶着一口气活着”的状态，是年轻人的战袍和武器：毕竟，在一无所有的年纪里，除了敌意，我们还有什么可以拿来作战?

所以，并不想讨伐过去的自己，只是有一天终于明白：放下戾气，对生活示以温柔，也是很好的。

温柔，是看懂了生活的复杂性

年幼时，总有一股执拗的自信，对什么都决然不已——

“你不够爱我，因为你不愿为我牺牲一点儿时间！”“你太自私，我甚至比不上你的事业！”“你是个不合格的恋人，因为你从来不对我道歉”……

诸如此类，换作现在怕是说不出口了。不是怂了，只是觉得判定一个人或一件事，不再那么容易了。

那时，内心总有一套道貌岸然的“你应该”，至于为什么“应该”，其实我是不清楚的，它们大多只是道听途说，诸如《男朋友做到以下这些，才算真的爱你》这种文章。

事实上，只有深入到生命种种微观时才能发现：原来生活是含混的，它不是非黑即白，而是肌理相连，人情人性盘根错节。

几年前认识了一位朋友，那时她刚来北京，独自一人，已婚。我很纳闷：一个已婚女人为何离开家庭独自北漂？

后来才知晓她的故事——

14岁那年，她爱上了自己的英语老师，他年长她12岁。

22岁她大学毕业，两人结婚。

婚后3年，日子步入稳定，她却忽然“返祖”，想起了自己的梦想和丢失的青春；于是25岁那年，她毅然离开体制内的工作，孤身来到北京。

分居这几年，他们的关系“尴尬”到无法归类——会像家人一般互相关心，像夫妻一般偶尔幽会，也像渐行渐远的恋人般彼此心知肚明。

男人继续着他的国企工作，朝九晚五买菜做饭；女人像毕业生一样在北京租房吃外卖加班到深夜……两人只是保持着默契的缄默，联系越来越少，彼此越走越远。

有一天，她对我说，我上个礼拜回老家了，他把锁换了，应该是有人了。我反倒觉得心里好受了些，我对不住他，他的年纪也该重新找了。他老实，我不提（离婚），他也不提。

这期间，两人各有一些情感经历，却都不吵不闹，佯装不知。“离婚”这个词从未提上过台面，关系就这样无声地延续着、衰减着，越过一道又一道底线，但又被一次次默然接受。

人怎么能如此长时间处于这样一种半死不活的关系中呢？

直到很久之后，我才理解：每个人都有自己的因缘际会。

从14岁到28岁，这个时间段中的大部分女生只有一个任务，就是个人成长——读书、谈恋爱、混事业、搞清楚自己是谁，然后再找一个男人结婚……她，一个聪明好奇、充满抱负的女生，在自我意识急剧成长的年纪里，却早早进入婚姻，丈夫老实善良，心智已近中年。

所以，当爱情的色彩渐渐褪去，接踵而来的便是巨大的怀疑与分裂：洗衣做饭装修屋子、工作中的是是非非、父母求孙……可是自己是谁？想做什么？梦想呢？其他城市是什么样子的？走还是不走……

本想扎入生活，却始终被不甘拽

着头，诱惑她望向天空。

即便如此，她却也无法一刀两断，长达几年的拖延，是难以用几句话去评判的：或许是14岁的感觉让她留恋，或许是他的善良让她不忍辜负，或许她觉得还能重新找回那个单纯的自己，抑或是对未来的害怕让她不想断了退路……

如此种种，看似不合常理，却都是常情——这就是生活的暧昧、人性的复杂。

如果你也留心，其实身边处处都有这样的故事。

并不是必须充满敌意，才能成功

曾经，我一直以为，人必须要充满敌意才能成功，尤其是对自己。

所以总是“看不惯”自己：越不擅长的事就越要死磕。每每拿着自己的短板与别人的长板相较时，便有一种自虐的动力——好似有了一个巨大目标，彻彻底底改造自我。

如同曾经做过的一份工作。说实话那份工作我做得并不好，也不喜欢，却异常认真，经常把自己逼到死角——阳光明媚的周末去公司加班，并死磕一些无关痛痒的Excel；在明明不感兴趣的领域里，进行毫无兴致的应酬；在没有任何盼头的心境下，被项目拖着昼夜出差开会……

这些时刻，人就像一个疲惫的木偶，陷入自虐式的“满足”。

这种近乎强迫的自我要求，是一种中国好学生式的通病。

不管你喜不喜欢，东西摆在面前，就要吃得干干净净；任务摆在面前，就要做得漂漂亮亮；工作摆在面前，就要勇夺第一……

唯独没有问过自己，你真的喜欢吗？

其实，人生是可以选择的。把拙藏好，将时间花到最有可能实现的事情上，这不是偷懒，而是尊重自己的生命。

有些弱点，让它们存在就好了，那些你怎么努力都做不好的东西，就尽量别依赖它们。生活远比我们所想的玲珑，它是柔软的、变通的，有很多出口和机遇，这里出了，那里也会进的。

并不是所有事，都要争个你死我活；也别因为某一件事情吃了亏，就否定掉整个人生；并非事事占尽上风，才能证明自己。

与其执着于那表面的敌意，不如保留内心的原则。

一个温柔而有原则的人，不就很好吗？

女人的温柔，并非软弱

关于女人的温柔，有一个误区，大概都觉得温柔的女人就是软弱的。

其实并非如此，温柔不是天生性情软弱，它更多的是一种后天选择。

为什么我们都爱看“霸道总裁”“麻辣御姐”的故事？因为总裁平时霸道、御姐看似凶狠，但他们关键时刻却能温柔下来。

是的，温柔，便是从某个高处主动走下来。温柔，骨子里是一种强势，它带有一种居高临下的意味。温柔和有力量并不矛盾，恰恰相反，只有有力量的人，才能真正温柔。

没人会把软弱当作温柔，因为软弱只是“不得不如此”、是无路可退，而温柔是一种主动选择——“我对你温柔，是因为我愿意（我也可以不这样做）。”

所以，温柔并不会妨碍我们实现价值。一个高情商的女人，是能在“本事”和“温柔”两个方面来回切换的。

“本事”，是改造世界、是自我的扩张，试图让世界与我趋同。而“温柔”则是自我的收拢，从“我”中走出来，走向“他们”。

这两者看似矛盾，但恰恰是相辅相成的——没有自我价值作为支撑，温柔便只是一种讨好；而没有温柔的浸润，“本事”只会戾气逼人，失去灵性。

所以啊，放下手中的武器，向生活示以温柔，这并不是失败，而是真的强大了。

作者 ｜颜卤煮，长沙人，1989年B型血白羊妞，毕业于北京师范大学中文系，短篇专栏作者。喜欢挖掘日常琐碎里的小星光，愿它照亮我们的生活。

放松当女人——唤醒你的女性能量

真正的放松不在于"更多"，而在于"深度"；女人真正的美不在于"增加"，而在于"清除"；放松做你自己，就能发挥属于女性的真正力量。

现今有太多的信息和典范告诉女人要如何爱自己、如何当个完美的女人，但过程中我们却发现，"追求"是一场永无止境的长期抗战，没有尽头，标准也越来越高，"爱自己"已经变成一件需要去追求的事，"当女人"也变成了需要努力完成的工作。

仿佛每日在跑步机上挥汗如雨，眼前只有是否比昨日更进步的身体检视，丝毫享受不到自然微风吹拂过每一个毛孔的滋味，心里并没有真实放松的自在与愉悦。不断追求进步的社会，已经让我们无法停止脚步，不晓得如何放松，对于自己“没有目的”的存在感到心慌意乱。

美，不是女人生活中“一定要做的另一件事”，而是一种自然展现的女性特质，它无法被强制发生；女性能量，一如柔和月光与宁静黑夜的休憩时刻，并不涉及理性思考、规划与执行的存在。而滋养自己，就是放下对于“变美与变好”的追求，纯粹感受与享受与自己相处的每一个生活片段，做真正让自己开心和舒服的事。

享受身体的丰盛与自由
美是一种减法

观察大自然便可发现，一棵有着茂盛亮绿叶子的树，其力量来自底下强大的树根。因此每一个外部看得见的美，都有看不见的内在在支持，就像脸部、肌肤和头发就是看得见的外部，而肚子、大肠和肾脏则是看不见的内在。

美，是身体看得见的部分和看不见的部分的组合，美是整棵树，是整体生命能量满溢的现象。

美不是加法，而是消除法，透过日常生活找到与身体自在互动的方式，就能恢复我们内在创造的力量。当女人找到自己内心深处的原生女人时，独特的光彩和智慧自然便会展现。

不减肥，感受食物的活力

减肥，是自己与自己身体打仗的过程，是一场从一开始就注定会输的战役。女人与其将重点放在减肥上，不如把焦点放在“增加活力”上。

属于女性特质的减肥方式就是“放下”，就像我们无法强迫自己睡觉，而是让睡意占有自己，就能顺其自然地睡着，减肥的道理也是一样。一个人若是全身上下充满活力，精力充沛，很自然就会“放下”身上多余的体重，因此充满能量的人绝对不会过重。

让自己充满活力的关键，在于选择对的食物。可以透过用手触摸食物，感觉自己的身体如何回应，运用身体的直觉和本能，选择能带来更多能量的食物，而非选择让自己更沉重

或疲累的食物。情绪食物虽然能马上得到饱腹感，但不会带来长久满足。

因此，不要问怎么样才能变得瘦一点儿，而是问自己，我要怎样才能变得更有活力。不要浪费时间计算该摄取多少卡路里，吃东西时若有罪恶感，或过度担心摄取量，只会妨碍享受食物的心情，无法敏感觉察吃进的食物对自己好不好。

裸体跳舞

找一个自己觉得安全、能够独处和不会被打扰的地方，播放一些能让自己舒服、放松的音乐，不用考虑，依直觉选择当下想听的音乐。接着把衣服脱掉，站立，把眼睛闭起来，身体向前弯，用双手从脚向上一路轻轻碰触身体，就像抚摸爱人一般抚摸所有部位。

眼睛保持紧闭，想象整个身体都在呼吸，吸气时吸到最饱满，吐气时吐到最彻底，手脚自然地随着身体呼吸做出动作，自由表达，跟着音乐自然摆动，在动作和声音的自然变化中，观察身体的感受。放空自己，跳出自己内在的感觉，跳到满足为止。

回到站立的姿势，闭着眼睛感觉一下，现在的身体、心情、情绪与跳舞前有什么不同。一手放在胸部，一手放在腹部，感觉自己的心跳，深深感恩自己抽出时间与身体一起跳舞，再来感恩体内所有的生命力，感恩拥有这个身体让你能够自我表达，能够展现、平衡你自己。

腹部放松跑步

大多数人想通过运动让身体更健康更结实，可是用力运动，反而导致肌肉紧绷。跑步的时候，就是让力量回到丹田。腹部是女性特质的发源地，丹田是我们生命力量的中心，放松和滋润腹部，可以让情绪往下扎根，转为柔性的感受。

若是跑步时腹部紧缩，会将能量导向肩膀和头，与丹田失去联结，变得更焦虑和紧张。来自丹田的动作和力量，是流畅而平衡的，像是在练习武术、气功和静心。因此，跑步时，让腹部放松，才能拥有真正的力量。

进行放松跑步时，可以将手臂、双手重叠放在下腹，去感觉双手的热度流进肚子和臀部，让热度渗透和深入地扩散到整个骨盆带；如果感觉肚子有点紧绷，试着用不同的速度跑，通常将速度放慢，肚子就会放松下来，找到让肚子放松的速度，就以这个速度持续进行。另外，用轻松的心情注意自己的脸部肌肉、下颚、嘴唇和舌头，觉察哪些地方紧绷，若有任何情绪化的表情，也把它释放掉。

山茶

正如力量是男人的魅力
魅力是女人的力量

Chapter2 如大地一般慷慨

体贴地给予但不牺牲；
懂得退让、适度吃亏但不委屈。

聪明的女人，懂得请求，也懂得感恩

| 陈诺

比起男人的雷霆之力，女性的力量，更像水之力，温柔圆润，润泽八方。

水流看似无力，却可以开山劈石；土壤无处不在，却滋养万物生灵。

女性之力，讲求的便是不争夺、不逞强，借势借力，以柔克刚，知善感恩，不懈成长。

君子性柔，善以物为舟，弱小之处，亦蕴藏着强大。

在这个崇尚独立、自由的年代，很多女孩子都有相同的困惑，那就是，怎样才能变得强大！

我曾经听一位女孩子说，她觉得自己太娇气，遇到问题老是爱哭，还经常麻烦朋友帮忙。她梦想着像个男人一样去生活，扛得了煤气罐，爬得了脚手架，泰山崩于前而不形于色，十八般武艺样样精通。

身为女人，便总会体会到些女人才有的短板。上天似乎在赋予我们丰富情感的同时，也带来了同样发达的泪腺，遇事容易忧郁，难过就会流泪，爱哭的女人常常被打上弱者的标签，然而事实真的是这样吗？

真正的强大是看谁适应力更强，耐力更持久

网上说，有一种强大，叫看谁活得久。乌龟不会飞，却比天上的鸟儿活得都久，春去秋来，鸟儿们换了好几代，乌龟却还是那一只，经久不衰。

许多研究都表明，女性比男性的寿命普遍长5～10年，其中不仅有生理方面的原因，更有心理方面的影响。心理学家们认为，女性长寿的秘密，就藏在她们的情绪里。经常大哭大笑排遣情绪的女性，比有事自己扛，有苦说不出的男性抗压性和适应力都好很多，患病风险更低，寿命也更长。

心理学家巴甫洛夫曾经给狗做过实验，让它们长时间暴露在高分贝的噪声下，大部分狗很快出现情绪崩溃，它们烦躁不安，大声吠叫，只有少数几只狗照吃照睡。巴甫洛夫认为它们是承压能力较高的个体。

然而，随着实验继续，容易崩溃的狗们，慢慢适应了高分贝的

噪声环境，而之前正常的狗们，却开始出现更严重的攻击和自残行为。当实验终止，大部分狗都恢复了正常状态，而所谓“承压能力强”的几只狗，却很少能从崩溃行为中恢复过来。

巴甫洛夫认为，承压能力弱的狗，在频繁的“小崩溃”中能够很好地把压力释放出去，保持自己心理状态的弹性，适应性更高，耐力更强；而一开始表现镇定的狗，却有可能在长期的压抑中对自己造成不可逆转的损害。

老子在《道德经》中也谈到同样的道理，“刚不可久，绵绵若存”，刚毅的东西虽好，重压下却难以持久，柔韧延续之物，经风历雨往往得以留存。现实生活中，女性更容易因为小事而情绪低落，甚至流泪崩溃，但她们也更容易发展出一套完善的排解压力的方法。不管是买买买，还是吃吃吃，或者干脆哭一场，女性都有比男性多得多的排遣渠道，一觉醒来，又是新的一天。而男人们往往因为社会舆论和自身因素，有苦说不出，有泪心里流，长期下来反而引发大的问题。

真正的强大是懂得借势借力，寻求帮助

许多女孩子认为，强大就意味着所有事都由自己搞定，哪怕修马桶、扛水缸这样的事，也要尽量亲力亲为，不求人才是最好。

芳芳就是这样一个以女强人为目标的女孩，生活中，她什么都想抢着做，和男生吃饭，回回都抢着买单，不懂的知识，宁可自己看书弄明白，也不向别人请教。

芳芳也觉得这样的生活很累，因为她不是出于喜欢才去学东西，而是因为害怕自己“不会”“要去求人”，才这样做。她总觉得，如果什么事她都会做，她就不是弱者，而是强者了。

其实，没有一个人能包揽所有的事，马云、王石也需要无数的员工来实践他们的想法。向周围人寻求帮助，是人类非常重要的一个技能，而在这一点上，女性比男性有许多天生的优势。

读到这里，有些人可能会想了，若事事求人，会不会被说成是公主病呢？事实上，我们可能把求助这件事想得太严重了。

许多关于亲密关系的研究都表明，请求某人帮自己一个小忙，或者欠下一份人情，可以迅速拉近两人的距离。如果帮忙的事情求助者确实做不到，又刚好是对方力所能及，这样的请求几乎没有人会拒绝。

弱小的女人，虽手无缚鸡之力，却常常会撬动比男人更大的力量。连现在电话营销的招聘广告，都声明只要女性员工，因为比起粗硬的男声来说，甜美的女声更让人无法拒绝。女人不能和男人比拼力量，就好像羚羊不能和狮子比拼爪牙，但女人可以以柔克刚，借势借力。

聪明的女人，懂得请求别人，也懂得感恩，懂得维护人与人之间的关系，从关系中受益。比起男人的雷霆之力，女性的力量，更像水之力，温柔圆润，润泽八方，将山川河流联系在一起，在不同地势又各有形态。没错，在某些方面，女人是弱者，但在另一些方面，女人可以做到男人做不到的事，走到男人走不到的地方。所以，千万别觉得麻烦别人很不好意思，该求助时就求助，相应的，当自己力所能及时，也应该向别人伸出援手。

真正的强大是保持自省，不断成长改进

荣格说过，如果男性象征着人类改造世界的原动力，女性就代表人类改造自我的原动力。女人天生厌恶风险，向往安定，是家庭的守护者。更重要的是，女人具有更强的同理心，懂得换位思考，不断改进自己。这就是为什么我们常看到女孩子写信来问，我男朋友觉得我怎么怎么不好，我该如何改，却很少看到男生提出类似的问题。

积极心理学认为，比起男性，女性的心理人格普遍更早熟，也更具成长性。大多数女人的心智在一生中的各个阶段都会不断成长，趋向完整，更容易在中年和晚年获得一个平和稳定的心境。而男性在成长上的表现要相对弱上许多，心智的停滞现象也普

遍比女性来得早。

究其原因，一部分是女性的自尊水平普遍比男性要低，当遇到与外界冲突的情况，更倾向于先反省自身，去适应环境，而男性较高的自尊水平使得他们很少去自省，更倾向于坚持己见，自然也就少有自我成长的机会。另一方面，前面提到过，女性的韧性也会为她们带来更多成长的机会，当困境来临时，女性的坚韧和耐心会帮助她们在失败面前不致太过沮丧，而男性的高期望和高自尊则容易引起更大的压力，甚至让他们放弃。

回到开头的那个疑问，那些衡量男性力量的标准真的适合用在女人身上吗？一个爱哭、经常向朋友求助的女生真的弱小吗？答案并不像人们第一眼看去那样绝对。在我看来，她希望改变现状，勇于在生活中承担更大的责任，希望能做自己情绪的主人，这都是非常珍贵的品质，也是自我提升最关键的素质。

希腊神话中，把大地之母称为盖亚。每次读到这个名字，总让我想到女性柔弱的外表，就好像平实深厚的大地，在那薄薄的土壤之下，埋藏着可以顶开巨石的种子。每一个走在自我成长道路上的女孩子，都是一片充满希望的土壤，请一定相信，生而为女，上天已为你备好所有旅途上需要的勇气，以及一个花开的时机。

作者　| 陈诺，心理学达人，媒体撰稿人，知乎心理学领域优秀作答者，心理咨询自体体验超600小时，专注精神分析、亲密关系、原生家庭、团体治疗领域，给予你最犀利的分析和最温柔的抚慰。

最高品质亲密关系的成长之路

| 周丽瑗

当你不再花时间与自己的安全感较劲，也不把自己的人生搞成战场，那你就学会了为自己的感觉负责。

我有两位来访者，她们同为女性，看似有着不同的烦恼。

小月谈过很多段恋爱，她所有的恋爱故事的开头和结尾都极其相似，她会遇到一个对她好的男孩子，满足她的各种需求，于是开始一段恋情；又由于她不仅需要物质的满足，对伴侣情感上的索取亦与日俱增。最后，男孩子们都筋疲力尽，食之无味又不堪重负，从而主动放弃。

小雪看似与小月是完全不同的类型。她清楚地知道无法靠外在的人、事、物来满足自己内心的自卑和不安全感，从小在母亲的调教下她一直独立自主，大学毕业后就能赚得一身名牌行头。只是在与大学同学婚后的几年，两人差距越来越大，婚前本就对先生的能力打着问号，婚后一一应验，随着小雪在职场上女强人似的打拼，两人渐行渐远，婚姻形似空壳，伴侣如同室友。

我在这些年的婚恋家庭咨询的工作对象一般聚焦在女性群体，如果简单粗暴地分下类，可以将在婚恋问题上有烦恼的女性朋友们分成两类人群。第一类的女性，不管自身条件如何，也不管如何展开一段恋情，故事往往会伴随着无尽的索取而展开，不管是物质的还是情感的。尤其是当情感得不到满足的时候，会制造出很多故事来引起对方的注意，不是连环夺命call，就是拿生活中的小事挑起争端，但又不能直接表达出自己的欲望。这样的典型人物就是小月。同时，小月还有另外一种看似不一样的演化形式，就是小月们可能表现得不那么拜金，她们对某些男人事事迁就、样样顺从，以至于自己被控制、被吞没甚至被伤害，从而让自己显得被需要。这样的小月们，无论心理成因如何，本质都是内心爱的匮乏，所以她只能从外索取或抓取。

第二类女性像小雪一样，显得成熟独立很多，她们从小接受的教育或者后天的成长中早早就知道无法靠外在的人、事、物来得到爱，所以就变得独立自主，自给自足。只是铠甲穿久了，小雪们都以为这就是皮肤。所以女强人的刻板印象让小雪自己也催眠自己，以为强悍和温柔不能并存。

其实从小月到小雪，对女性来说已经是一种进步，因为小雪毕竟靠自己的能力过上了独立的生活，就算内心仍然希望比她能力强的男人来爱她，但她会用很多道理来说服自己：男人是靠不住的，只能靠自己。

日久天长，她们早已忘记脆弱是怎么回事，感受是个什么鬼。当身边的男人做出不靠谱的事情时，她们不会表达内心的难过，只会像男人一样去跟男人讲道理。小雪们完全把自己女人的天性扔到了一边，矫枉过正后阻止了自己身上女性能量的流动。

在生活中能真正活得快乐的女性，其实是第三类。她们像男人一样拥有自己的事业、独立的精神，她们既充分证明了自己作为人本身的价值，也融化了那层已经粘连在自己身上的铠甲似的皮肤。阴阳两股能量，在她们的身上体现得无比和谐。这样的女性，是更高维度的自我实现——她们不仅仅实现了自我，也在关系中帮助对方实现。

我们都记得马斯洛的需求理论层次，如果将那个需求理论变一下形，我们可以得出一个女性在关系中的需求理论层次：

小月显然还停留在强调对方满足自己的层次上，小雪已经到了自给自足的层次上，但如果只停留在这里，说明并没有把亲密关系的意义了解透彻。

在第三层次的女性，由于已经解决了第一层次的问题，她内心对自己有充分的安全感，但同时没有恐惧，她愿意向对方敞开自己，无论是脆弱还是坚韧。她愿意拥抱生命的河流在她身上留下的痕迹，并不为此而焦灼。喜怒哀乐、生老病死，她愿意去经历，经历时充分投入，离开时坦然转身。不跟自己较劲，大概就是这一层次的女性最显著的能力。她们可以是妻子、母亲、女儿、女神、妖精，各种角色她都投入得恰到好处。她是一个可以将女性身上的阴阳能量召唤自如的女性，男人因为她的这份真实和生动而对她百读不厌。

那亲爱的你，是否能判断自己在哪个层次呢？来让我们一起做个体检吧！

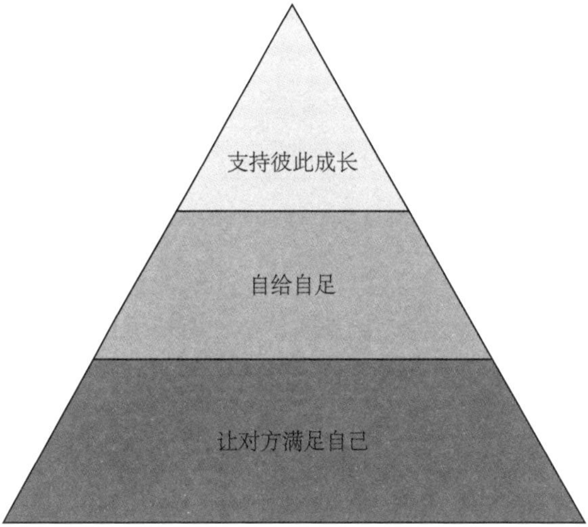

首先，从内心状态来看。如果你的内心时时都被这个亲密伴侣占据，不管是好的还是不好的画面，当你将太多的精力投入到对方身上时（这份精力里大多含着你对他的需求），你基本就在第一个层次；而你没有执着在小情小爱上，大部分时间被事业占据，但偶尔想起亲密伴侣时，却是满满的愤懑和哀怨，这样的你最多还在第二层。

其次，从异性的互动模式来看。如果你的伴侣对你由讨好转为勉强甚至频繁出现无力感，注意，你是那个要得太多的第一层次的女性；如果你的伴侣渐渐不跟你交流真心话，和你在一起也只是聊些家长里短的杂事，可能你就在第二层次。

最后，从家庭气氛来看。第一层次的女性家里总是充满着女人的争吵声；第二层次的女性家里，基本没有争吵声，甚至基本没有人声。

第三层次的女性，她不会像第二层次的女性那样，只会用头脑和男人说话，更不会像第一层次的女性那样，只会用无理取闹来抓取自己想要的东西。她是真实的，她会真实表达自己的感受；她是勇敢的，她勇于撕开自己的脆弱；她也是接纳的，她包容着对方带给她的课题；她更是智慧的，她懂得如何去穿越这些人生课题从而帮助对方成长。

幸运的是，第三层次的女性，大多并不是天生就如此。她们可能也经历了你所在的阶段，通过不断地自我成长，成为一个内心自由、外在和谐的人。如果你现在是小雪或者小月，请认真往下看，看看究竟应该怎样在活出自己的前提下，支持关系中的对方，从而一起打造幸福生活。

首先，学会对自己的人生负责。我在春节期间的新闻里，看到很多女性的父母不到大年初二是不允许自己的女儿回娘家的，因为这是所谓的风俗，而现在吃年夜饭女性不能上主桌的情况还依然存在。

可想而知，在这样的环境下长大的女性，缺乏自尊的心理情结会影响她们的方方面面，她可能已经接受了良好的教育，离开家乡，但那些画面已经深入骨髓。因为自己内心深入的不配得感，而致使对方能给予自己一份生存保障就换取了她的下半生。

这样进入婚姻的动机，无疑会换来失望。现在更多的问题是，大多数在这个阶段的女性意识到这一点之后，往往过度地批判和苛责自己，但又因韶华已逝而无能为力。想让自己的生命有更多的自由，这个阶段就必须要努力争取，现代的社会给了我们更多的权利和赚钱的机会，只有在经济独立的基础上，才有可能谈精神独立。

接下来，我希望你可以学着接纳。这份接纳最初是对家人的，也许先生和孩子总有一些不尽如你意的行为和习惯，但当你看见这些而升起情绪时，我也希望你看见那些情绪背后的执着，因为你想让对方与你一样，这样的操控感，仍然来自最初那个层次对我们集体潜意识的影响。

我们的内心越稳定越自足，就越能容纳外在世界的多样性，也越会懂得欣赏外在世界的个性。但我们内心有冲突的原因，又往往来自对自己身份的不认同、对自己的局限性的不接纳，说到底还是第一层次的问题。

接下来几步，是大多数女性卡住的地方。我们已经明白，自己的喜怒哀乐如果依托于外境，就会痛苦，所以在习惯自立自强的基础上而用力过度，以至于忘了我们本有的女性能量，我们是可以真实展现自己的，不管是自己的坚强还是脆弱。我们往往在筋疲力尽的时候用责备、嘲笑甚至吼叫来表达自己的情绪，其实我们在我们最爱的亲人面前，只需要把那件硬硬的铠甲卸下，接下来，就只是技术问题了。

当我们用真实地表达自己的感受和需要来代替评判和指责时，我们会触摸到真实的自己，同时，对方会因为你的真实而感动，从而也卸下他的铠甲。你们不会因为这份真实而互相攻击，或者因为袒露这份

真实而担心受到嘲笑或贬低。这份展现脆弱的真实，是如此有力量，它让你们俩的心贴得更近。

此后，你与你的亲密关系虽然已经有了深度的链接，但在平时它也总会制造出各种事端让你有出其不意的感觉，通常这些感觉都会让我们有负面的情绪。价值就在这里，当我们看见自己的负面情绪升起的时候，就是个很好的机会，问一下自己：

咦？我为什么偏偏对这一点生气呢？这一点在我的人生历程中何时出现过呢？

这样不断地自问，就有机会进一步地对自己进行探索，这样的探索越多，你对自己的了解也就越深。可能某一天，你一下子明白过来，受不了先生把鞋子东扔一只、西扔一只的状况，是因为接受不了不遵守秩序的人，而这一点是由于自己的父亲总是做些出格的事情让母亲生气，而自己也自然地把这部分愤怒给承接了下来。

既然我的人生是我自己的，我没有必要为了母亲的人生继续承担，那我就用学会的表达方式对先生好好地表达出自己的这一心理情结。你会发现，对方在深深地理解你之后，行为也会发生改变。

最后，当我们在关系里慢慢发现了更深的自己，将婚姻里的任何冲突都看作是自我成长的机会后，对方会因为在你身上看到和谐而感动，并试着向你求助。

是的，男人在看见自己的伴侣成长后，第一个反应就是好奇，带动的行为就是模仿，他会在一场愤怒结束后，脆弱地自问道：“我刚才怎么变成了这样？”这就是我们帮助他成长的最好的时机。

如果你的伴侣在你的帮助下，对自己进行了深度的心理探索，并在你们的爱中重新整合了人格，那才是亲密关系给我们的至高无上的意义。

当你不再花时间与自己的安全感较劲，也不把自己的人生搞成战场，那你就学会了为自己的感觉负责，当情绪浮现时你会勇于探索，并不过度责备眼前这个负责把你情绪挑起的伴侣。更重要的是，当你还能利用自己成长道路得到的经验去给予伴侣指引时，你就发现了亲密关系带给我们的真正意义，而你也因为走出了这条路而完整了自己、活出了自己。

作者 ｜周丽瑗，张德芬空间签约作家，国家二级心理咨询师、二级婚姻家庭咨询师、亲密关系辅导专家。著有《亲密关系，在爱中找回自己》。

女人选择，然后等待

| 黄骐

成熟的伴侣关系，是你走一步，我走一步。如果对方不再前进，说明他还没有准备再继续，那么等待就好了。该来的终究会来，不该来的也无法强求。尊重是成熟伴侣关系的前提。

“女人的青春这么短，有多少时间供我们等待？”

“只要他也选择了你，他一定会来。”

很多女人都有过这样的疑问：我迷上了一个男人，我该如何追求他？我的回答总是一样：不必追求。女人选择，然后等待。

当我这样说的时候，常有人误解，认为我要女人端着，要女人矜持和被动。我从未说过女人要“不作为”，我甚至在女性能量课程上专门教女性如何掌控能量，用目光、姿态和一些小动作表达我们对一个男人的喜爱，为关系增添激情和趣味。而我这里所说的“女人选择，然后等待”的意思是，女人的选择、目光和关注本身，已经给了男人足够的勇气、鼓励和力量，如果他同样选择了你，那么只要你等待，给他时间和鼓励，他便会主动靠近你。

如果他并没有主动靠近你，只说明你不是他当下感到最有吸引的人。男性能量本身就是更加冒险和主动的，因为他们要去“狩猎”，要承担家庭的生活责任。而女性能量的本质是柔软、灵活和顺其自然，如果女人奋不顾身上前追求男人，会把男人吓到不说，她们让男人做什么去呢？男人们的男性能量该如何发挥呢？

说到这里，就要多讲一讲男性能量与女性能量。不论男人和女人，我们每个人身上都是男性能量和女性能量并存的，当我们身上的男性能量与女性能量达到一个平衡状态时，便会产生一种“完整感”。

男性能量包括：做、行动、冒险、通过获得成功展示吸引力、勇敢、信心、攻击、果敢、独立、目标与方向、雄心、稳定、分析、逻辑、炙热、太阳的能量、力量。

女性能量包括：存在、随顺、有爱、通过外表展示吸引力、分享、柔软、慈悲、合作、创造、情感、流动、亲密、被动、耐心、臣服、温暖、同理心、信任、关注细节、依赖、友善、家庭导向、接纳。

因此可以看出，男性能量更多是关于知道我们要什么，努力追求，并且成功得到。而女性能量是关于吸引你想要的，并关注过程与关系。

我们生而为男人或女人，已经拥有了激发更多男性能量或女性能量的生理构造和社会角色期待，所以我们此生的任务便是去承担我们作为男人或女人的责任，并且找到成为男人或女人的意义，发挥我们本身更强的那部分能量。这些能量既有正面意义，也具有一定的弱点，所以我们需要用异性能量去平衡这些弱点。这也是我们的疗愈之路。

比如一个男人非常有逻辑、有条理、有目标导向，我们会感到他很Man，然而这样的人有时会让人感到冷淡，所以加入一些柔软和情感的能量便会让他更吸引人。但是如果一个男人整天柔情似水，关注细节与外貌，我们便会感到他不太像一个“男人”。女人也如此，如果她过于有雄心，过于主动和积极，便会让男人感到这个女人不太“女人”，反而像是一个雄性动物，在与他竞争。

在我的一次讲座中，有一位女士的议题是无法建立亲密关系。在帮助她做了一些与原生家庭有关的疗愈之后，我邀请了三位男学员代表三个“可能的男士”，并排站在她面前，意图是帮助她“演练亲密关系”。因为她说，自己的亲密关系一次也没有成功过。当她看到这三个男士时，顿时变得很激动，有些急切地走向其中一位男士。当时我就拉了拉她的手，对她说：“慢一点儿。女人选择，然后等待。”

她开始放慢脚步，然后停下，与那位“心仪的男士”目光接触，紧接着，男士微笑着缓缓走向她，她的脸上洋溢着幸福与喜悦。当男士走到她身边的时候，他们牵着手，她依偎着他，那个画面，美好极了。

那之后，这位女士就邂逅了爱情。她后来告诉我，自己一直记得课堂练习时的那种感觉，所以当一位非常吸引她的男士出现时，她只是微笑着看着他，并对于他的主动邀约也给予了温暖的回应。几次约会之后，他们确立了关系，现在已经要步入婚姻的殿堂了。

我经常遇到这样的女性来访者，尤其在她们学了心理学之后，就觉得“现在又不是旧社会了，我要为自己负责任，喜欢就要追，男女要平等，追求男人没什么可让人不好意思的”。的确，追求男人没什么可让人害羞的，但是我在这些人身上发现，她们经常穷追一个不成，又去追另一个，即使持续的时间很长，最后也都以失败收场。

我认为，成熟的伴侣关系，是你走一步，我走一步。如果对方不再前进，说明他还没有准备再继续，那么等待就好了。该来的终究会来，不该来的也无法强求。尊重是成熟伴侣关系的前提。对伴侣穷追不舍，是一种孩童的态度，其中暗藏的都是索取——对你越是穷追不舍的人，相处起来越困难。因为这样的人普遍自我价值感很低，他们靠追到另一个人来感觉自己不错，而且他们并没有真正为对方考虑的能力（否则就不会不顾一切地穷追不舍了）。

当一个人“奋不顾身”地追求另一个人时，是在以小孩子的姿态寻求爱——我这么努力，请你看看我吧，喜欢我吧，认可我吧，我愿意为你付出一切，我亲爱的妈妈/爸爸。和这样的人在一起，你需要时时刻刻照顾他们脆弱的自尊和自我价值，而且他们的占有欲和妒意都极强——我辛辛苦苦得来的东西，怎么可能空手让别人占到便宜?

小洁大学时追了一个男生4年，尽其所能地对他好，但是男生一直不冷不热，只当她是朋友。大学快毕业时，男生受到情伤，感动于小洁的坚持，愿意和她在一起试一试。开始还好，小洁一切都以男孩为中心，迁就他。毕竟他是自己4年的“挚爱”，小心翼翼，捧在手心里都怕化了。但是男生很快就发现，小洁根本无法容忍男生的女性朋友，她希望男生有时间就和自己在一起，不要安排那么多活动。男生的各种聚会她都要参加，如果不带她一起，她便感到自己被排除在外。男生要分手，她便央求，说他不喜欢她哪点她都可以改，只是请他给她一点儿时间。男生便心软了，但是后来他发现，小洁虽然说可以改，但是醋意和自卑真的一点儿变化也没有，让人感到十分窒息。虽然小洁还是一如既往地对他好，但是他再也忍受不了这样的捆绑，最终二人不欢而散，小洁一度抑郁自杀。

后来小洁来做咨询，我才知道她自幼失去双亲，是亲戚将她养大。她从小最希望的就是有一个人能够无条件地爱自己，所以她对男生所做的，其实都是她自己长期以来最希望得到的。和男生在一起之后，她总是觉得自己不如他，觉得他看不上自己，一方面拼命对他好，另一方面要把他拴得更紧，不让任何异性靠近。她感到失去了男孩，就像当初失去父母一样，失去了一切……慢慢地，在咨询中，她开始看到自己生命的力量，也找到了与父母之间问题的症结。她逐渐从这段失恋的伤痛中走出来，开始不再拼命地通过对男人好而抓住男人。她一点一点地学会充实和稳定自己，因为她发现，追一个男人是永远追不到的，喜欢她的人，自会被她吸引。她要做的，不过是越来越喜欢和欣赏自己罢了。

现在的她已经工作、成家，回想起过去的经历，她感叹那是人生很重要的一课。小洁经历了痛苦，同时她也是幸运的，刺骨的疼痛让她开始探寻生命的意义和关系幸福的法则，直至成长为一个成熟的女人。

然而，并不是每一个女人都会走小洁这样的成长之路，很多人经常担心：如果我心仪某个男人，不主动追求，他跑了怎么办？他被别人抢走怎么办？

我们可以回想一下自己的生活，其实，但凡正确的事情，都会发生得流畅而容易。如果一个人或者一件事，需要你费尽千辛万苦才能得到，那他通常不是最能带给你幸福快乐的，因为即使你得到了，也会充满不甘和对于失去的恐惧。所以，会跑掉或被抢走的人，并不是当下与你匹配的那个人。

我采访过很多男人，问他们对追求自己的女人有什么感觉，我得到的答案分成两大类：

一类是没有自信、缺乏安全感的男人，他们普遍说希望女人追求自己，因为这样他们感到被爱，很有安全感，但前提是这个女人得漂亮，而且得吸引人，否则女人追求的成功率太小了。不过我发现，即使这类男人感到自己不够好，当遇到非常吸引自己的女人时，他们也都愿意主动去靠近，至少

要试试有没有机会得到。

另一类是比较成熟和自信的男人，他们普遍不喜欢主动追求自己的女人，他们的原话是这样的：我们男人不喜欢追求我们或者太直接的女人，因为那样我们感到她在和我们竞争，在和我们比谁更有力量。这让她瞬间失去了作为女性的吸引力。如果我们被某个女人吸引，一定会主动靠近她的。

所以我发现只有三种情况下女人追求男人能够成功：

第一种情况是，正巧男人感到非常受伤、孤独、空虚或者自我价值感很低，希望寻求安慰和陪伴。他们感到这时候有人喜欢自己还是挺好的，但是如果这个女人本身对他没有足够的吸引力，他也仅仅是把她当创可贴，贴完了就丢掉了，或者出于责任和内疚还会在一起一段时间，但是最终也很难坚持下来。

第二种情况是上面说过的，这个男人比较胆小、不自信和没有安全感，追求他们的女人让他们感到比较好驾驭。但是越这样的男人嫉妒心和掌控欲就越强，而总是追求男人的女人也属于掌控欲强的，所以他们会很容易爆发冲突，不欢而散。

第三种情况是，男人本身没有注意到这个女人，或者感觉女人不是自己喜欢的类型，但没想到和女人相处之后却发现她非常有魅力，自己完全是中了大奖。这也是唯一一种追求男人能够成功的情况。但是这对女人的要求也非常高，需要她能够一直保持很高的自我价值感，拥有独特的魅力和优势，既能够满足男人的自尊心、占有欲和征服欲，同时又让男人刮目相看。这样的女人通常是万里挑一的，即使她们追求某个男人，同时她们自己也是追求者不断的。

这些女人追求的手段通常很高明，并不会让男人感到自己在“被追求”，而更多感到的是“被调戏”，因此激起男人更强的征服欲。

伴侣之所以会结合，就是因为男人在女人身上能够感受到自己所缺乏的东西，而女人也可以通过男人来增加自己未被开发的特质。因此我们说，关系让我们更完整，结合让我们更圆满。当然，我们并不是要所有女人都柔情似水，所有男人都果敢阳刚。关系就像齿轮，总会有人与我们契合。比如一个具有很多男性特质的女人，和一个女性化的男人，可以过得很好。一个男性特质和女性特质对半分的男人，同一个能量百分比类似的女人也可以过得很好。唯一的问题是，很多女人既想要非常Man的男人，自己却又像男人一样去追求男人，这便会像两个齿轮总是凸处对凸处一样，永远也合不上。所以，如果你希望找一个非常男性化的伴侣，给你依靠，有力量，让你安稳，那么你就需要时常问问自己，我是否也活出了我的女性特质呢？我够接纳吗？够随顺吗？够享受自我本身的状态吗？

如果你控制不住自己，特别想往某个男人身上扑的话，那就请你深呼吸，告诉自己：“女人选择，然后等待。”既然此生是女人，我们就要享受和发挥女性的特质，运用女人的优势。

女人吸引与等待，男人发现并征服，关系因此而圆满。

作者　|黄骐，国家首批认证萨提亚家庭治疗师，家族系统排列师，能量疗愈师，国际认证灵性舞蹈培训师，催眠治疗师，海灵格中文翻译。两性情感咨询师，女性魅力导师，擅长处理情感关系、家庭关系、躯体症状。

女人的安全感，男人的自由心

| 张德芬：知名心灵作家
| 周国平：中国当代著名学者、作家、哲学家

女人在爱情与婚姻中的角色

| 张德芬

在爱情中，其实女人也会扮演主导的角色。

据我多年来的观察，一个发达、成功或是日子过得“好”的男人（不一定有钱，也许是过得丰足、开心），背后一定都有一个非常好的女人——男人娶妻的重要性远远超过我们的想象。尤其是要养育下一代时，母亲的角色也比父亲重要，毕竟父亲总是在外忙碌，家里的事情多半由母亲掌管。有人说，娶一个不好的女人，会祸延三代，不是没有道理的。

在爱情中，其实女人也是扮演主导的角色。这是因为一般男人都不会把太多的心思放在亲密关系上。如果会的话，那他不是大众情人就是没有长大的小孩，通常非常难搞，还是离他远一点儿为好。正因为男人的心思多半向外——在自己的事业、对外形象、兴趣喜好上，所以爱情这个部分，他们比较随着自己的女人来定向。

所以海灵格说：在男女关系中，都是女性引领男性。所幸女性对于自我成长的探索也比男性有更高的兴趣。所以，能够了解自己，关注自己的内在，从而改变外在世界的女人，就能够在亲密关系中，扮演一个良好的主导角色。

而男人总是不自觉地希望自己的女人扮演三个角色：

母亲：包容、坚强、照顾。

情人：理解、投缘、有趣。

女儿：撒娇、受宠、被照顾。

现在绝大多数的女汉子是把“严厉母亲”的角色扮演得很好，因此，情人和女儿的角色往往由“小三”取代，这是很多婚姻中出现的最大的问题。所以，想要有一个好的亲密关系，一个女人必须要身段柔软，能屈能伸，在男人需要的时候，刚毅坚强，在必要的时候，娇嗔有趣，风情万种。

男人在爱情与婚姻中的角色

| 周国平

男人最重要的品质是有责任心，不负责任的男人是可耻的。

一个男人和一个女人相爱，不管恋爱的过程是风起云涌，还是波澜不惊，都只是序幕。直到两人组建了一个家庭，正剧才开始。正剧是漫长的，却没有多少故事，所以小说家不喜欢拿它做题材。但是，家庭生活正是两性戏剧的主舞台，男女主角合作把正剧演好，乃是人生幸福的实质部分。

我要特别强调长期家庭生活中夫妻合作的重要性。恋爱的时候，也许男方主动，也许女方主动，也许双方都主动，由性格和钟情的程度决定，皆出于自然，绝不是双方协商的结果。

但是，一旦建立了家庭，有意识的合作就应该开始了。在一定意义上，可以把现代婚姻比喻为一个公司，二者都是一种契约关系，也都有大量实际的事务要处理。

一个公司经营得好坏，取决于合伙人之间能否精诚和有效合作。在婚姻中，夫妻也类似于合伙人，各方都必须主动，要有共同把家庭经营好的责任心和行动。

谈到合作，人们往往会想到男主外、女主内这种模式，这在历史上是常态。但是，今天女性走上职场已是常态，这一页历史理应翻过去了。所以，我说的合作，更是指男女双方都要对家庭的日常生活承担责任，男人也应该和女人一同主内，成为家庭生活的活跃角色。

一个男人无论做多么大的事业，在社会上多么风光，如果家里晚餐桌边他是经常的缺席者，家人难得看见他的身影，就可判为严重失职。一个和妻子亲密相处的丈夫，一个和孩子快乐玩闹的父亲，是温馨家庭氛围中一道不可缺少的风景。

我并不要求男人都成为家务能手，虽然一个男人倘若还娴于烹调，不时给家人露一手，实在是一件美妙的事情。在我看来，善于营造和共享家庭乐趣，也应该是男人的一种良好品质。

一个好男人，是家庭中的暖男，他的存在本身就使家人感到温暖。我满意地看到，现在这样的暖男是越来越多了。

妻子对于丈夫，孩子对于父亲，最期待的是什么？当然是爱，但这个爱不是空洞的，应该充溢在每一个普通的日子里，生发为居室里的欢声笑语，以及家人都能感受到的和睦欢欣。

爱是一种责任，你爱你的家人，你就承担起了让他们幸福的责任。男人最重要的品质是有责任心，不负责任的男人是可耻的。一个男人对家庭有没有责任心，是一个可以触摸的感性事实。走进一个家庭，你由氛围的冷暖就基本可以断定，这家的男主人是不是一个负责任的男人。

love

爱 是在人世间寻找那个最亲的亲人，

两个人可以相依为命，共度此生。

对话 Part 1 张德芬 X 周国平

张德芬：对于您来说爱意味着什么，我们的孤独，究竟是否可以被爱化解？

周国平：爱不仅仅是寻求那种心醉神迷的感觉，虽然在热恋时会有这种美好的感觉，但它不可能持久，迟早会过去的。从长远来说，爱是在人世间寻找那个最亲的人，两个人可以相依为命，共度此生。

所以我认为，结婚以后，如果恋爱时的激情转化成了牢不可破的亲情，两个人都感觉对方是自己最亲的人，爱情就修成了正果。婚后长久相处，摩擦难免，只要这个感觉牢固，婚姻就是对头的。亲情不是爱情的消亡，而是爱情的升级版。

孤独有三种：

1. 形而上的孤独，灵魂寻找自己的来源和归宿而不可得。
2. 精神的孤独，优秀心智寻求理解而不可得。
3. 情感的孤独，有情众生寻求普通的人间温暖而不可得。

男女之爱可以消解第三种孤独；如果相爱者心智皆优秀，互相深刻理解，可以消解第二种孤独；爱无法消解第一种孤独，仅能够麻痹它，给它止痛。

张德芬：您如何看待爱情、婚姻与性这三者的关系？

周国平：性是肉体生活，遵循快乐原则。爱情是精神生活，遵循理想原则。婚姻是社会生活，遵循现实原则。这是三个完全不同的东西。婚姻的困难在于，如何在同一个异性身上把三者统一起来，不让习以为常麻痹性的诱惑和快乐，不让琐碎现实损害爱的激情和理想。

张德芬：您欣赏现代女性的什么样的特质？您最欣赏的女性又是谁？

周国平：我所欣赏的女性特质，可归结为弹性和灵性。弹性是性格的张力。有弹性的女人，善于妥协，也善于在妥协中巧妙地坚持，不固执己见，但在不固执中自有一种主见。灵性是心灵的理解力。有灵性的女人，在单纯中有惊人的深刻，善解人意，善悟事物的真谛。我说别人大家不知道，我就从公众人物中举出一个——杨澜。她有良好的直觉和轻松的智慧，给我留下了深刻的印象。我看人不听信传言，只相信自己的亲见亲知。

张德芬：您说过，“女人搞哲学，对于女人和哲学两方面都是损害。您认为思想的深度与性别有关吗？

周国平：问题与思想的深度无关。我的看法是，女性的长处是感性直觉，而哲学的主流是逻辑体系，如果女人顺应这个主流来从事哲学，结果就既压抑了自己的长处，又无助于哲学的主流。依我之见，直觉是比逻辑深刻得多的东西。事实上，哲学中真正重要的东西也不是逻辑，而是直觉，每个哲学家思想中最好的东西都是凭借直觉把握到的，但往往被逻辑体系掩盖住了。

张德芬：如果请您对20岁、30岁和40岁的人各说一句话，您分别会说什么？

周国平：孔子说：三十而立，四十而不惑。我认为这个定位基本准确。20岁的人，可以不立，更可以惑，我对他如是说：你就带着不确定性和困惑去闯世界吧！30岁的人，应该知道自己是什么样的人，到底要什么了，我对他如是说：是时候了，请给自己确立一个人生目标吧。40岁的人，应该大致想明白人生道理了，我对他如是说：看淡人生中的成败得失，超脱一点儿吧。

Intimate

与其追求永恒的**亲密**关系，

不如把焦点放在“高质量”“滋养”的亲密关系上。

对话 Part 2 张德芬 X 周国平

周国平：在婚姻中，女方的安全感来自哪些方面？

张德芬：从世俗层面来说，婚姻中，女方的安全感当然来自男人的可信、可靠。同时，你要建立自己的“功能性”，为他生儿育女、创建或支持他的事业、照顾他的生活起居、让自己保持魅力和有趣等。但我认为，女人的安全感绝对来自自身的自信和丰富，以及诚实面对两人关系的亲疏好坏。很少有男人会在两情相悦、情投意合的时候就对别的女人意乱情迷，如果女方不知道男方到底是不是真心地爱自己，只是为了“拥有”而紧抓对方，那么自然就没有安全感。一个在情感上能够独立、财务能够自由、生活能够自理的女人，当然安全感指数会更高。

周国平：是否存在永恒的亲密关系？普通伴侣之间如何培养这种关系？

张德芬：没有什么永恒的亲密关系，这是我们寻求心理安慰的一种说法。你的伴侣可能会离开你，可能会离开这个世界，或许你会离开他，生命就是不断变化的一种过程。与其追求永恒的亲密关系，不如把焦点放在“高质量”“滋养”的亲密关系。双方都能在相处的时候放松，享受、愉悦，获得身心的滋养，这是最重要的。

周国平：如何确定爱情的发生是源于需求还是真的爱？

张德芬：爱情没有不是源于需求的。需求又分为对实质条件的需求和心理上的需求，如此而已。实质条件的需求很明确简单：财务方面的（对方有钱），面子方面的（长得好看或是善于言辞，带出去有面子或是有名气，可以帮你的身份加分，又或是家世良好，对你有实质的助益），身体方面的（性爱方面特别投缘，或身材是你喜欢的类型的）。心理需求就比较复杂。正面的就是：能给你安全感的，性格兴趣与你相投的，你非常喜欢的。负面的就是：让你能够重温儿时创伤的（好让你有机会疗愈），或是符合你对亲密关系的负面信念的（像小时候被遗弃、被虐待的），如果对自己的人生模式没有正确的理解和认识，我们就会不自觉地被这样的人吸引。

周国平：拥有糟糕原生家庭的人，最好的疗愈办法是通过自我的修复还是另一半的爱？

张德芬：这是运气问题。我看到有些原生家庭很糟糕的人，因为遇到了深爱他、理解他的人，而获得了某种程度上的疗愈。不过，最终的疗愈还是要靠自己，就像大部分的人，其实都是在亲密关系里面重温儿时的境遇，靠自己的力量、努力和学习，克服了小时候的负面信念，因而能够享受自己的人生，不再活在儿时旧有的负面信念模式中。

女人的力量，来自女人

| 黄骐

扫一扫“码上听”探索你的女性能量

冥想引导词:

身为女人，我们的生命经由另一个女人，来到这个地球。我们与所有的女性，包括大地母亲，都有着密不可分的联结。古往今来，当女人团结起来，你会发现，没有她们做不了的事情。但是很多女人仍然盲目地在男人身上寻找力量，以为他们能够改变自己的命运。但事实是，女人最大的力量，是她们与生命和造化的联结，是孕育的爱，是不可打破的团结。

在接下来的冥想中，我们将联结本源的力量，重拾与女性能量联结的温暖。

首先，请你关注你的呼吸。吸气之前先用嘴巴呼气，嘴巴微张，呼出一切烦恼与紧绷。然后闭上嘴巴，用鼻子吸气，吸进清新，吸进一切新的可能性。再用嘴巴呼气，呼出所有的压力与紧张，然后用鼻子吸气。

现在，让我们把手放在我们的小腹，去感受我们的子宫。你可曾感受到它的存在？你能听见它说话吗？能感受到它的情绪吗？它是温暖的，还是寒冷的？

我们的子宫，和家族中所有女性的子宫相联结，也和大地母亲的子宫联结。

作为女人，我们是时时刻刻被大地母亲所支持着的。她孕育我们，滋养我们。

此刻，我想请你想象你家族中所有的女性。有些人，你可以很清晰地看到她们的面孔，有些人的面孔并不清晰。但是所有人都在。

你看着她们，对她们说：“我是你们中的一员。”

感受你家族的所有女人都在用她们的能量支持你。

你可以想象，她们对你说了些什么。

如果你得到了答案，就请你用自己的方式感谢她们。

今后的任何时候，只要你遇到任何的困难、疑问或者困惑，你随时都可以这样。

你不是一个人。你与你家族中的所有女性，与这个世界上所有的女性，与大地母亲，都是彼此联结的。你有足够的爱、支持与力量。

请你感受身体内流动着的温暖的能量。吸气，让它们流入你所有的细胞，呼气，也将这份温暖分享给周遭的所有。在三次深呼吸之后，你可以慢慢地睁开眼睛。

薰衣草
有趣的灵魂万里挑一
好看的皮囊千篇一律

Chapter3 像孩童一样有趣

戏而不作，女人要有趣，有情调，但不是作。

天真的心是生活必需品

丨张德芬：知名心灵作家
丨冯仑：万通集团创始人、御风资本（F&E）董事长

天真地付出，成熟地接受

| 张德芬

天真的心也是非常重要的生活必需品。

成熟的人是否能够拥有天真？

天真的人是否也能拥有成熟的一面？

我觉得答案是肯定的。我就是一个一直非常天真的人，总是把人性想得过于善良，总是过于付出，虽然因此也不断受伤，但是还是无法改变我那颗真挚、炽热的心。

所以我的功课也许是：天真地付出，成熟地接受。当别人领受那么多，却没有按照你想要的方式回应时，你是否能够坦然接受？

天真的心也是非常重要的生活必需品。因为，一成不变的生活令人生厌，但是如果有一颗天真的心，就会有一双天真的眼，看什么事情都是新鲜的、有趣的、充满生机的。然而生活中，我们也需要一颗成熟的心，去面对、承接因为生活的种种不如意而升起的负面情绪。能用理智、包容的心，去对待自己的负面情绪，就会是一个成熟而快乐的人。

天真与成熟，就像左右两边的翅膀，在航行于生活之海时，能够带领我们愉悦、轻快地掠过水面，一边是鼓动着天真的喜悦，另一边是承载着大气的上下波动，均衡地、平稳地带我们徜徉人生。愿你拥有双翼，乘风飞翔。

像孩子一样看世界

| 冯仑

天真应该贯穿于人类生命的始终，而不仅仅限于儿童。

人总是要长大的，在生命历程中，儿童阶段代表着嬉笑，给大家带来欢乐，同时也让大家开始正视生命的意义。儿童总是带着一股天真，这种天真正好衬托出我们对生命的期望，对于成人来说，天真是一面镜子，照出世故、渺小和猥琐。

所谓成熟，历来有两种：一种就是我们平时看到的成熟，懂事、懂规矩，会做人，世故，圆滑，这几个词的成熟度都不一样。过于成熟的我们叫世故，它的贬义就是圆滑，在世故前面再加上两个字是老于世故，圆滑置换一个字，叫奸猾，这些都是对于成熟的描绘。

但是如果稍不留神，这些成熟就会转变成一种呆滞，逐渐变得按部就班，以至于失去了创造性。年轻人甚至因为过于迁就现实而失去了生命力和炯炯有神的目光。

另一种成熟，就是我们所见的有所成就的人所具有的，无论是政治家、企业家还是艺术家，他们伟大的创造，很大程度上是因为他们一直保持着天真的秉性和一颗自由的心。他们用自然的“真”去触摸世界的“真”、艺术的“真”、社会发展规律的“真”，以及人性当中最灿烂的那部分。

这些人不是不懂世故，而是不屑于世故，不愿把生命浪费在大家公认的，甚至是成为负担的规矩当中。他们像儿童一样，把精力花在自己喜欢的事情上，自由、开心，这样他们才成为一个有创造性、有大智慧的人。我欣赏的真正的成熟，就是这样一种成熟，透着天真和大智慧的成熟。

所以，天真应该贯穿于人类生命的始终，而不仅仅限于儿童。只有始终保持童心的人，才会有自由，才会有创造性，才会创造出走向未来美好的生活和世界的途径。我喜欢天真，我愿意自己就这样一直天真下去，和这个世界一起成长，一起欢乐。

Innocent

保持**天真**最重要的就是要拥有好奇心。

对话 Part 3 张德芬 X 冯仑

张德芬：现在“大叔型”的成熟男友很受欢迎，您也被网友称为“冯叔”，您认为“大叔”为什么会受到追捧？

冯仑：现在是消费时代，消费时代的一个重要特点就是，凡是有个性的、能够取悦人的，无论是语言，还是用品，不管是精神产品、视觉产品还是普通的工业产品都会被纳入大家的消费范围。“小鲜肉”是一个“消费品”，大叔也变成了“消费品”，甚至大爷也早就被“消费”了，比如说冯小刚导演的《老炮儿》，里面那些大爷就成了“消费品”。大娘早晚也会被“消费”，只要有充足的个性。我很荣幸也能变成这样一类“消费品”，希望能够让消费者满意。

张德芬：以您的人生阅历，在生活中还能保持孩子一样的天真吗？

冯仑：一个企业家、哲学家或者艺术家，都有他童真的一面，保持天真最重要的就是要拥有好奇心。只要你充满好奇心，睁大你的眼睛看世界，不断地去质疑、去探寻、去尝试，童心就永远不会泯灭，这是一个最能使童心持久，也是最能让人真正快乐的状态。

张德芬：小朋友很容易感到满足和幸福，而对于大人们来说却很难，现在还有什么会让您感到心动和幸福呢？

冯仑：现在最能让我感到快乐的，就是去体验那些我好奇的新奇事物。比如说我上周刚去了NASA（美国国家航空航天局），观看了过往所有登月的航天员的经历，完成了一个短暂的宇航员内部训练，还在现场看到了亚特兰蒂斯号航天飞机。而且还在上过太空又回来的航天飞机机舱和模拟机舱里做了一些体验，这种愉悦和快乐是特别令人激动的。我记得在探访NASA的时候，发现墙上有句话特别有意思，“好奇心将会带你去冒险，会满足那些你从未体验过的欲望，从而让你得到真正的愉悦”。

张德芬：您曾经说过，女人是男人最好的老师。那您觉得您的“老师”教给您最重要的功课是什么？您最欣赏的女性特质是什么？

冯仑：在做生意上，女人能够教我们的主要就是三点。

第一，要在安全的前提下追求快乐。

第二，谨慎，女人把所有的男女之事都当终身大事，这种终身大事式的思维能为我们带来一个巨大的启发——把每一次投资都看成终身大事，慎重决策，这样才能保证成功率。

第三，让我们体会到有时候被动得到的快乐能更持久，就像女人的性体验一样，似乎是被动的，但实际上是更强烈、更持久、更主动的一种快乐。

企业也是这样，像中国功夫更是这样的，有时候遇到一些困难和打击，似乎是处在被动之中，但是只要在被动中找到转化的能力，就能追求到更持久的成功和快乐。

Belief

小朋友最珍贵的品质就是**信任**，相信。

对话 Part 4 张德芬 X 冯仑

冯仑：该不该让小孩子相信童话？

张德芬：我们自己相不相信童话？如果我们有一颗童心，愿意去相信童话世界的那些故事，我们就可以和孩子分享自己的感受。我认为，在教育孩子的时候，不需要去操控孩子的想法（了解他们怎么想对他们来说是最好的），而是真心实意地去和他们分享我们自己相信的东西，这样是最有说服力的。

冯仑：说一说儿童时期，让你印象最深刻的一个人或者一件事。

张德芬：我小时候就非常单纯。有一次在路上捡到了一张百元大钞，那个时候一百元钱对我们来说是一笔财富，我却傻傻地站在原地等待失主来认领。后来我哥经过，问我在干吗，我老实说了，他就装好心说，我帮你等，你先回去吧。当时我就觉得平时对我很凶的哥哥今天怎么这么好，后来我才知道，他当然没有把钱还给失主，而且花了好久才花完。长大后我知道了这件事情，并没有觉得怎么样。现在的我，对人还是有一份盲目的天真和信任，没有损失（至少我不觉得），只有相信生命的那种如释重负。

冯仑：你觉得小朋友最珍贵的品质是什么？

张德芬：小朋友最珍贵的品质就是信任。一般人由于恐惧太多，已经无法对人、事、物有基本的信任了，在生活中给自己平添了许多不必要的枷锁。

冯仑：应该多让孩子看到社会的美好还是风险？

张德芬：教育孩子如实地看到社会。但是，在教育孩子的时候，家长们不免会用自己的观点来教导孩子。所以，一个愤世嫉俗的家长，会不自觉地把他的价值观传达给孩子。如果我们希望孩子正面、健康地面对社会，也许要先看看自己的价值观是否正确。

冯仑：你如何向自己的孩子解释“自己是从哪里来的”“人为什么会死”以及“这个世界的残酷之处”等问题？

张德芬：我没有向孩子灌输一些我自己都无法印证的知识：人从哪里来，为什么会死，这些问题我的孩子并没有问过我，我也没有和他们讨论过。我自己认为，如果对这些问题起疑，应该要自己去探寻、了解，不应该是由我这个“大人”来告诉他们一个我自己版本的“正确答案”。世界的残酷我觉得是见仁见智，教导孩子现实是必要的，世界究竟是温柔的还是残酷的，留待他们自己去定义、发掘……

冯仑：小朋友喜欢发泄情绪，而大人却习惯压抑情绪，你如何处理自己的负面情绪？

张德芬：我个人是反对压抑情绪的，负面情绪如果不小心发出来了，就让它过去。该道歉的道歉，哭完抹干眼泪。作为成年人，我们的情绪其实是一个警示灯，它在告诉我们，自己的生活态度、行为言语、价值观以及和他人的互动等方面，可能有需要调整的地方。顺藤摸瓜地去找到自己需要调整的部分，解开源头的结，那么负面情绪就不会一再地产生了。

年龄帮我们见世面

| 祝小兔

我们可以生来就对这个世界充满热情，也可以看清了世界，然后爱它。只是，后面的爱应该更深沉吧。

昨天是朋友的三十岁生日，若不是给她庆生，我已经完全不记得她的年龄了，而且印象中总会把人固定成一个模样。好像人都这样，小时候因为要升年级，才天天想着自己几岁，毕业后根本没人操心年龄的事。

可是你还是会冷不丁地打个冷战，原来我也这把年纪了。正视年龄和正视自己，这两件事简直就是成反比，年纪越大才越真正明白什么是自我。

可是回忆起刚刚认识她的时候，想想现在，可以焦虑的事情越来越少了，曾经的一些担忧也不重要了，人好像更加轻松了，也更加聚焦了。

人看上去更容易快乐了，绝对不是因为糟心事出现的概率降低了，还是会有爱挑起事端的同事，还是会出现棘手的突发事件，还是会与伴侣发生摩擦……之所以发生改变不过是我们因为见识的积累，而从容了许多，你的悲伤与恼怒也是有免疫系统的。

既然经历的伤痛越多，免疫系统就越强，我宁愿许多挫折发生在年轻的时候，我们都知道越年轻代价就越小。

最近有句很流行的话："好女孩一辈子只配得到一个'好'字，坏女孩却得到所有"。这里的坏女孩，我觉得应该换作是那些有过挫折，有过坎坷的女孩，有过经历且能在事件上有所成长的人才配得起得到所有。

只生活在平静中，过着打卡生活的人，很难感受到这安稳意味着什么。一个没有北漂过的人，很难理解那些听到《北京，北京》的人为什么会心跳加速，因为他们没有在这里欢笑和哭泣过。

我们可以生来就对这个世界充满热情，也可以看清了世界，然后爱它。只是，后面的爱应该更深沉吧。

见世面不是只见好的，坏的世面能让我们珍惜好的

“我想，倘若你没有经历这么多苦难，没有这么多抱憾，我是不会这么热烈地爱你的。我不喜欢正确的、从未摔倒的、不曾失足的人。他们的道德是僵化的，价值不大。他们面前没有展现生活的美。”鲍里斯·帕斯捷尔纳克在《日瓦戈医生》里写道。

是年龄帮我们见世面。见世面不是只见好的，坏的世面能让我们珍惜好的。电影《桃姐》里，桃姐说过，“人生最甜蜜的欢乐，都是忧伤的果子。人生最佳美的东西，都是从苦难当中得到，我们要亲身经历艰难，然后才能学会怎样安慰别人”。

没有尝试过的事不要轻易下结论，没有做到的事情也不要异想天开说容易，没有得到过的东西说不在乎都是牵强的。人只有亲身经历过，才不会误以为很多事情的存在理所当然，也不会轻易被挫败。

平白无故的自信，是一种没有价值的变老。变老并不可怕，可怕的是今日复明日的变老，不愿意出门看看，不肯做出改变，不接受新鲜事物。

人生能有多少个十年，然而最应该去冒险的十年就是二十到三十岁之间，把自己的触角伸向各个角落，看看世界，多多阅人，站得住脚的自信建立在经历的基础上，也唯有增长见识，才能筛选出最珍贵的友谊和适合自己的生活。

3 little tips

- **内心丰盈的女性应该是：**

  不把希望寄托在别人身上，有自己的精神家园。

- **人生中最奢侈的是：**

  快乐的精神生活。

- **最欣赏的男性品质是：**

  与众不同。大部分人容易随波逐流，追求别人口中的成功标配，特别容易无趣。

作者 ｜祝小兔，“好好虚度时光”平台联合创始人。《时尚芭莎》驻伦敦记者。图书策划人、上海作协会员，已出版散文集《时光不老，我们不散》《万物皆有欢喜处》《过去现在，一并深爱》。

吃下去，哭出来

| 蔡要要

哪怕面临再大的困难，只要吃一顿好饭，就能把坏心情从低谷里拉出来。

我从很小的时候就知道，吃饭是一件很重要的事情。

外婆在我很小的时候告诉我，人是铁，饭是钢，一顿不吃饿得慌。那时候我只是觉得，饿着肚子，就没有力气；没有力气，就不能好好地做任何事情了。

现在，我才慢慢意识到这句话的妙处，按时吃饭，惦记自己的每一顿饭，是一种多么可贵的品质。

因为长大后，才发现没有什么事情比吃饱更重要了。哪怕面临再大的困难，只要吃一顿好饭，就能把坏心情从低谷里拉出来。而那一顿看似简单却热腾腾的好饭，就是在这个看起来节奏超快的现代都市里，最让人放心的治愈。

吃下去的食物，能让你就算是哭，也哭得更加放心和有劲儿。

我的朋友阿春，刚刚患抑郁症的时候，就总忘记吃饭。一次我去她店里找她，问她吃饭没有，她只是迷惘地看着我，摇摇头，说想不起来了，大概是没有吃吧。我心疼得不行，赶紧去买了五花肉、土豆、番茄、鸡蛋来给她烧饭。很简单的家常菜，一个红烧肉，一个土豆丝，一个番茄鸡蛋汤，再煮了一锅米饭。

太阳要落山了，我们坐在一张露天的小桌上，安静地把菜都吃完。阿春抬起头看了看我，对我说，能吃到这么好吃的食物，我应该还不会去死。我扭过头，眼泪唰地流下来，但我知道，她一定会没事的。因为她还在用心去品味食物，还在期待吃到更好吃的东西呢。

有一年是独自在外过年，年三十那天一个人窝在沙发里，看着电视里的根本不好笑的春晚节目，外面的饭馆都关了门，家里只剩了泡面和饼干。我心里特别不好受，但却告诉自己，别哭别哭，大过年的，多不吉利啊。

但想家的情绪是抑制不住的，那种委屈几乎能把人压垮。那个年三十，我过得如坐针毡，食不知味。第二天一早，就跑去超市买了大白菜、猪肉、饺子皮，回来捞了白菜、猪肉剁馅，拌上虾皮香菇，狠狠地给自己包了几十只水饺。等烧开水，把热腾腾的饺子端上桌，痛快地淋上香油、陈醋、辣椒酱时，心里似乎因为这一切，就变得踏实起来。我迫不及待地吃下一个水饺，那种暖，一直从嘴里滚进胃里，再慢慢蒸腾到心上，那一刻，我才真的放心地哭出来。

而这场眼泪也拯救了我的脆弱，让我知道，嗯，别怕，能有力气吃饱了，就一定能继续好好过下去，去找到自己更好的生活和未来。而我三年前查出来恶性肿瘤的那一瞬间，第一反应是这下真的完蛋了，可能会死。那天有点冷，我穿着棉衣，浑身发凉。人在外地，生病，是一个巨大的打击。

确诊之后我去找我最好的朋友，向她们平静地说了这件事，她们对我说，不会死。我点点头，说我也觉得不会。接下来就是治病，过程非常艰难，但是过去了也就过去了，任何生病都是好了伤疤就会不记得疼的，现在再回想，也是只会哦一下，说一句还挺难受的，也就没事了。

我出院之后，又回厦门去见朋友。见面那天，我买了一些鸭脖子去看她们俩，仔仔细细地啃着鸭脖子，然后喝了可乐。太阳挺好的，我们就一起又多晒了一会儿太阳，把鸭脖子全部吃完。她们又对我说，可千万要好好活下去啊，不然，就真的吃不到鸭脖子了呢。我也对她们说，嗯，都要好好活着。

我们哭了一会儿，但很快就又笑起来，毕竟能一起吃鸭脖，还是一件很好的事情呢。

我想之后的时间我们可能还要这么鼓励对方好几次，但生活不就是这样吗？差点过不去的时候，咬咬牙，就过去了。

苦难和病痛都还在那儿，它们不会无缘无故消失，也不会被美化，所谓的治愈、温暖、感人，都比不上真实地活着更让人有力量。

就和每天吃饭一样啊，似乎看起来微不足道。但正因为每天都认真地吃下了我们喜欢的食物，遭遇不开心的时候，才能有力气好好地哭一场。

我们的一切情绪，都能在食物里被安放。孤独的时候，给自己炖一碗内容丰富的汤面；寂寞的时候，吃一大块栗子奶油裸蛋糕；糟糕得不知道该怎么办的时候，邀三五好友，去痛快淋漓地喝酒撸串。只要吃好了，肚皮饱饱，一切事儿都不是事儿了。

这些或美丽或朴实或温柔或琐碎的感情，和那些酸甜苦辣的食物一起，构成了我们所有的生活，温暖我们，给我们力量。

而当我们没有力量的时候，也请坚信，别怕呀，还有食物在默默地守护我们啊。吃下去，哭出来，生命绵且长，没有什么事情是过不去的。

蔡要要私房治愈菜：番茄排骨汤

排骨斩成段，焯水。

番茄四个，切成大块，用少许油，热火炒出番茄汁。

砂锅加水，把焯好的排骨、番茄汁、姜片、一勺料酒一起放进去，开锅后关小火，慢慢煨一个半小时。

喝一碗，可以治愈一切不开心！

作者 | 蔡要要，可爱的美少女妈妈，美食狂热爱好者，著有《每天早上和你一起醒来》。

如何找到身为女人的力量？

| 黄骐

最好的男女关系，是两条时而分开时而交叉的波浪线。

为什么我们身为女人，总会感到无力？是原本特质如此，还是身不由己？究竟是什么削弱了我们的力量？

每一个人出生的时候，都带着纯然的天性，期待着去探索和发现自己的奥秘，并在这大自然中找寻到最适合自己生活并发挥天赋才能的方式。然而在长大的过程中，我们无可避免地受到各种各样的制约。孩提时期，父母和社会一直要求我们“应该”如何做。也经由观察父母和身边的人，我们学习到女性特质“应该”是怎样的。一旦我们所做的或者想做的，与父母或周围人的“应该”有所冲突，我们就受到批判或伤害，进而开始怀疑自己，否定自己。我们的力量就这样慢慢地被削弱，因为我们开始远离自己的真实。

比如，你从母亲那里学到“应该”做一个乖乖女，“应该”全心全意为家庭付出，所以当你进入一段关系之后，在你希望多花一些精力和能量在自己的事情上时，一个声音就会出来：“这样是自私的，女人要为家庭付出。”于是你就真的觉得自己有点自私，担心这样不讨人喜欢，所以最终还是妥协了。你虽可以坚持，但却不快乐。

几个月前，一位日本女人来找我做个案。我与她相识两年，但因语言沟通不畅，一直只是点头之交。她约我的时候我就有些惊奇，没想到刚坐下来，她竟非常直接地用不太流利的英语对我说：“Queena，我怎么能像你这么女性化？你可以教教我吗？我一点儿也不女人，也完全不知道该怎样做一个女人……我看过你讲座的照片，那个样子才是我想要的，我来参加你的课程是不是就会好了？”

她这样说的时候，我的心中升起一丝莫名的感伤。我看着她的眼睛，许久没有说话。我明明看到这双眸深处满满的女人味和柔情，为什么她自己意识不到呢？她又为何这样评价自己呢？是什么压抑了她原本拥有的能量呢？她含着泪继续说：“我男朋友一直说我不女人，现在我们已经分手了，我自己也这么觉得。之前他一直说我们的一个共同朋友非常有女人味，希望我像她一样。现在他应该是想和她在一起吧！她很会写文章，很会说话，可是这些我都不擅长。我真的需要改变自己。”

我看着她，一字一顿地对她说：“你并不缺乏女性能量，只是你害怕展现出来罢了。”她疑惑地点点头，我继续说，“所有女人都希望自己更加性感、有魅力、有女人味，但我们在这个社会也会因此受很多伤，遭受侵犯、排挤、攻击和恶意。”

这是我们作为女人所面临的困境。很多男人既希望我们有魅力，又不希望我们太有魅力；既希望我们给他们争面子，又不希望我们惹来不必要的麻烦；既希望我们终日相守，又希望我们给他空间。于是如果女人特别迷人，男人会说她放荡；如果女人极其安分，男人会嫌她没情趣；如果女人十分独立，男人会感到不安全；如果女人非常依赖，男人会感到失去自由；如果女人万事都迎合男人的标准，那日子就会过得很艰难了。

我并非责怪男人，他们这样做，是人性的一部分，大多数人都是想品尝鱼肉的鲜美，却又不想被鱼刺所纠缠。女人也一样。在男女关系这个有趣的互动中，男人由于缺乏力量和自信，当自己驾驭或吸引不了女人，自尊心受挫的时候，就会把问题推给女人，认为女人放荡、不安分、红颜祸水……同样是由于缺乏力量和自信，他们有时会选择那种好驾驭、好操控、忠心耿耿的女人，但是当他们感到无聊或过度被依赖的时候，还是会把问题推给女人，认为女人没有魅力、纠缠、黏人……当然，男人这样是正常的，毕竟我们谴责另一个人不好，让另一个人改变，比承认自己不够自信，需要亲自改变听起来轻松多了。所以这里最大的问题并不是出在男人身上，最大的问题是，当男人把责任推给女人的时候，很多女人也把问题都归到了自己身上。当男人说我们不够好的时候，我们就真的觉得自己不好；当男人因我们没有满足他们的期待而刺伤我们的时候，我们就真的为了他去改变自己；当我们一切以男人为中心，以他的标准为标准的时候，我们也就失去了作为女人的力量。

我对这个日本女人说："他喜欢有文采的女人，你便要自己有文采。那你日后和别人在一起，别人喜欢另一种女人，你就要改变成另一个样子吗？你别听他说的这些，他一方面要求你性感妩媚，另一方面又很享受你现在乖乖地在他身边，什么都不如他，这让他很踏实。现在他和你在一起有了安全感，所以肆无忌惮地挑剔你没有女人味。如果有一天你真的性感妩媚了，他倒会怕了，为了让自己不受到威胁，仍然会挑你的毛病，让你安分些。所以无论怎样他也不会满意的。这是需要他自己去修的功课，并不真的和你有关。如果他不去面对自己的这个部分，那他今后的关系也不会好的。"

她恍然大悟。我继续说："所以你现在要做的，就是如果他要分开，你就别缠着他。谁说暂时分开不是一件好事呢？这样你就有了空间发展你自己。想想和他在一起的时候，有多少你想做但是他不让你做的事情，赶紧抓紧时间去做吧！有什么一直想达成的愿望，就去达成吧！他要离开你，不是因为你不好，而是给你机会，去离开他的束缚，享受做你自己。”她忽然想起了什么，说：“是啊，我一直在他的药店里工作，他希望我每天和他在一起，不喜欢我见我的朋友，所以我已经很久没有和朋友出去玩了，而且我要去学英语。之前他在身边，他总说我英语不好，所以都是他给我翻译。但是你看，现在他不在，我竟然可以独自和你说这么多话，简直令人难以置信！这说明英语我也是可以学好的！”我说：“是啊，现在你发现了，他一面嫌弃你不性感不独立，另一方面又在做这么多事情打压你的独立性，这是他需要的成长。至于你希望生活怎么过，是时候听听你自己内心真实的想法了。”

通过我的引导，她发现自己早就不想在前男友的药店里工作了，她非常喜欢和她的女性朋友们在一起，想要寻求更灵活的工作时间，找更有创意的事情去做。结束的时候，她说：“我现在觉得非常踏实和有力量。我根本不像我想的那样依赖他，我有很

多自己的愿望要去实现呢。”

我说：“是啊，当我们独立了，内心的力量就会增强，不管这种独立是我们自己选择的，还是看似被逼的。这样的独立，都是上天给我们的礼物。在男女关系中，两个人如果是两条没有交点的平行线，就会很疏离；如果是两条完全并在一起的线，就没有空间去发展自己，会变得无力和窒息。最好的男女关系，是两条时而分开时而交叉的波浪线。你们有各自独立的追求和发展，同时你们会聚在一起，分享你们的成长，丰富彼此的生命，再带着这些扩展继续独自探索与成长，然后再一次交叉、分享、彼此支持。当两个人分开的时候，我们偶尔会有寂寞的感觉，但这也是成长的一部分，因为我们必须要学会自己处理事情。空虚、寂寞或遇到问题的时候依赖对方，只会削弱我们自身的力量和勇气。”

我带领这位女士所走的身体历程，虽然无法在这篇文章中完整还原，但是与身体建立联结和对话的方式，却是我们每个人每时每刻都可以做的。身体是会说话的，只是它说出的话对我们来说经常太安静，所以我们通常只有在宁静的状态下才能听得到。有时如果它要传递给我们一份非常重要的信息，我们没有听到，它便会加大声音，用疼痛或疾病的方式告诉我们：生活出了问题，是时候做出改变了。

你可以每天花五到十分钟时间，找一个安静的地方，抚摸和感受你的身体，问问它今天感觉怎么样，有什么需要。当你说话做事的时候，也可以随时停下来在心里问问你的身体：“你喜欢吗？”

如果这时候你身体的某个部位有感觉，你就追随着那个感觉，继续问它，它想告诉你什么。随着你与身体建立更好的联结，你倾听它信息的速度也会更快。

如果你坚持练习，有一天你会发现，某个时刻正当你要做一件事时，身体会说："不要做！"然后你愣了愣，发现你确实不想做那件事。真实的自我就是需要我们在与身体的沟通中不断去发现。真实才是力量的源泉。

三个月后，我收到那个日本女人的邮件，她在信中说，她离开了前男友的药店，和朋友合开了一家花店，闲暇时间在学英语和服装设计，感觉非常轻松快乐。

前不久她前男友还来花店找她复合，可她却不再着急和他在一起了。她说："我感到我一个人是满足的，所以如果他还是像以前那样要求我，我不会再接受了。我准备先观察他一段时间，再决定要不要和好。"阅读她这些文字的时候，我感到平静而有力。她不再问我与提升女性能量有关的问题了，因为她已经找到了身为女人的乐趣和力量，那些她最初想向我学的东西，她都已经在内在寻到。

看得到真相，稳得住中心，禁得起挑战，敢于去成长。这便是一个女人的力量。力量并非来自那些"应该"和制约，力量是一种发现——发现最真实的你。

与你的身体联结

| 黄骐

接下来，我要带领大家做一个与身体建立联结、倾听内心声音的练习。因为只有我们了解和接受了真实的自己，我们的力量才能够回归。

扫一扫“码上听”与你的身体联结

冥想引导词：

现在，我想请你放一些轻松、舒缓的音乐，找一个舒服的姿势，坐着或躺着，然后闭上眼睛，开始关注你的呼吸，开始去感受你的身体，感受它随着呼吸起伏。感受当你吸气的时候，气息能够传递到身体的哪些部位，以及当你呼出体内的空气时，身体又是什么感觉。带着好奇，像了解一个朋友一样去了解你的身体。

是的，身体是我们的朋友，我们什么也不需要做，它就静静地为我们工作，帮助我们呼吸，让我们能够看、听和感受，给我们生成能量，为我们消化和代谢。所以你可以试着对它说："谢谢你，我的朋友，你为我工作了这么多年，我还从来没有好好地感谢过你。"然后看看身体对于这句话有什么反应，是否有温暖的感觉，如果身体用微笑表达它听到了你的声音，你可以保持着这个微笑，让它陪伴着你，然后带着爱和好奇去探索你的身体。

我邀请你试着抚摸自己的手，它们是你的一部分，每日替你书写、抓握与抚摸。你熟悉它们吗？你了解它们的喜好吗？它们喜欢触碰什么样的东西？

再去拥抱和抚摸你的双臂。它们喜欢你的拥抱吗？你喜欢和它们联结吗？

接着去感受你的肩膀，它们疲惫吗？有压力吗？你愿不愿意轻轻地爱抚它们，或者轻轻拍拍它们，对它们说："谢谢，你们辛苦了，你们为我承担了很多。"

还有你的脖子，它支撑了你这么久，你可曾感谢过它？

再去抚摸你的头皮、头发。去熟悉它们，体会发丝的触感。你的发丝是你的延伸。

还有你的面部，你能否试着抚摸它。它裸露在外，承受着一切评判，因为你不自觉地用别人的眼睛看自己。你的眼睛、鼻子、嘴巴、颧骨、额头，都是独一无二的，它们在一起，组成了独一无二的你。所有的评判都是外人添加的。无论你如何评判自己，你的眼睛都在为你看，你的耳朵都在为你听，你的鼻子都在为你呼吸，为你闻，你的嘴巴都在为你说话，为你品尝滋味。对于这一切，我们是否已经足够感恩了呢？我们身体的每一个部分，都在倾尽所能地爱我们，为我们工作，而我们却从来没有对它们说过谢谢。或许今天，我们可以郑重地说一声感谢。

接下来，你可以将手轻轻滑到你的躯干，去感受五脏六腑。即使是在你睡着的时候，它们也在为你工作，这是一份怎样的爱呀！

还有你的脊柱，它支撑你直立、弯曲。你的臀、腿和脚，让你能够坐、站、跑、跳。

我们把身体为我们所做的一切当作理所当然，也有很多人抱怨自己不被爱，尤其是很多女性，她们觉得没有人爱自己，或者自己根本不值得爱。但是你想过吗？无论你想了什么，做了什么，或是说了什么，无论你如何评判自己，你的身体都在无条件地爱你、支持你。

现在，让我们把手放在我们的小腹上，去感受我们的子宫。你可曾感受到它的存在？你能感受到它的情绪吗？它是温暖的，还是寒冷的？它渴望你的关注有多久了？你是否发现，即使你没有给它足够的关注，它仍然在尽最大的努力为你工作、为你孕育？

再慢慢向下，去感受我们其他的器官和躯干。他们也都是这样无条件地帮助和支持我们。是时候给它们传递感谢的信息了，宇宙中无条件的爱，其实就在我们自己的身上。

如果可以，请你每天花五到十分钟做这个练习。随着你与身体建立更好的联结，你能够倾听它的信息的速度也会更快。如果你坚持练习，有一天你会发现，不需要通过这整个过程，某个时刻正当你要做一件事，身体便会提出反抗，然后你愣了愣，发现确实你本不想做那件事。

真实的自我是需要去发现的，而发现这份真实最有效的办法，就是倾听身体的声音。当我们能够真实地活着，我们所说出的话，我们所做出的事，也就都充满着力量。力量不是一种学习，而是一种发现，发现真实的自己。

芦荟

人要学会拥有
还要懂得放弃

Chapter4 像日月一样平衡

既能像太阳一般，把光和爱散发给他人，也能像月亮一般，温柔地守候、等待。

每一位女性，都是关系里的小太阳

| 罗近月

女性只有自己散发出光亮，才会看见自己的能量，进而在关系里获得理解和认可。

我们对内在修养的追求将会改变外在现实。

——古希腊作家　普鲁塔克

每一个人一出生就带着局限性，可如今的时代却给予了我们多样的选择，比如我们无法选择自己的性别，却可以选择活得像个男人还是女人。女性特质是柔软、感性、温和、防守，男性特质是刚毅、理性、冷酷、进取，虽然同样的特质可以同时存在于一个人身上，但我们还是很容易感觉到一个人外显特质的不同。

当女性被赋予了更多机会、权利和期待时，女性男性化也越来越多见，她们习惯于隐藏起自己的柔弱和丰富的情感，执着于从以理性、自我实现、工作成绩为主导的世界获取成功，而在亲密关系里却感觉孤单寂寞、容易受伤害、难以被理解。

他们渴望被爱，却拒绝去爱

在旁人眼里，小琪是一位非常成功的女性，大学毕业进入所在的公司，从文员做起，接连升职，现在已是公司高管。她32岁，有房有车，拿着不菲的年薪，动不动就来趟说走就走的旅行。

看起来生活无限风光，可她至今还是孤身一人。唯一的前任男友是她的大学同学，从大一开始，他们就一起读书、上自习、看电影，生命中情窦初开的美好时光，却成了她最不愿触及的回忆。毕业后，男友的家人托关系让他进了一家国企，并以小琪没有正式工作为由，拒绝他们的继续交往。

男友当然不愿意放弃，可是刚毕业一穷二白，怎么也拗不过父母的坚持，只得口头上应着父母，想等待更合适的机会。谁知很快家人又为他介绍了女朋友，还是他们单位领导的女儿。这次不用父母说，他也知道其中的利弊，他不想放弃父母费力安排好的工作，就只得顺着路往下走。

听到消息的小琪，既愤怒又自责，她愤怒男友这么容易就放弃了，又责怪自己没能找到一个好工作，才让自己在对方的选择面前无话可说。她暗下决心努力打拼，一定要让自己在情感世界里有更多选择的权利。这么多年，她在职场里一路绿灯，总算也没有辜负自己的努力。

作为家里唯一的孩子，看着她事业风生水起，情感却一潭孤寂，父母自然无比着急，三番五次托人介绍对象，见面后都没有音讯。一方面她瞧不上条件不如她的男人，另一方面又不想高攀更成功的男人，仅凭这样的判断就直接剔除了很多人选。

最近，有朋友为她介绍了一个长相和事业都与她旗鼓相当的男人，看起来温文尔雅，很贴心，懂得照顾人。初次见面，她也被打动了，情感世界空白多年，她的心里早已在渴望一个能给她温暖的男人。

情人节，男友送她一个三千元的手包，她马上去给男友买了一块一万多元的手表。男友请她吃饭，她也默默在心里盘算着，要如何请回去更好。每次见面，谈到一些想法，她跟男友观点不一致时，就会闹得不欢而散。男友说，感觉她就像一个男人，让人难以靠近。她说，既然跟我在一起痛苦，那我们就分手呗。

小琪其实是想跟对方发展的，她越在乎他，就越不能表现出自己的柔弱，她害怕关系因此失去了控制，她会变成一个在关系里没有决定权的女人。所以，她事事追求平等，时时坚守自己的立场，他们的关系却变得岌岌可危。

她跟男友讲道理，试图让对方理解自己的观点，在对方不认同时，又恨不得马上分手。她打趣地说，遇见他，我感觉已经够迁就他了。这样的人，换作在我那里工作，连基本的好态度都没有，让他走人是分分钟的事。

可是他并不是下属，而是她的爱人，她不知道如何表达自己的爱。她越在乎，就越想说清楚，让对方理解自己。而这样的争辩和反馈，只会让对方觉得她在拒绝爱。她早已习惯了男性化的思维，直接、简单，只说重点，谈问题不留情面。

小琪的男友对她说：好像你那么努力，就是为了把我比下去一样。

小琪说：我不是要跟他较高低，我只是想要他理解我。我那么辛苦跟他讲，他还是误解我的意思。如果两个人在一起这么难，那还不如分开过呢。

小琪遇到的问题，在亲密关系中很常见，她既渴望被爱，又在努力拒绝爱。

先照亮对方，才能温暖自己

在情感咨询中，我经常遇到一些女性不再愿意去爱，哪怕依然在婚姻关系里，心早已冰凉，她们不愿意跟对方讲话，也不愿再做任何有益于双方关系的事情。她们会说，说什么做什么有意思吗？对方还是不会懂，还是不愿改变，那就随他，想怎样就怎样吧！

我们去观察这类夫妻相处的模式，他们经常从理性的角度思考问题，会觉得应该怎样，如何做才对，大家各执一词，每次谈话都不欢而散。于是，妻子说先生不懂体贴，先生说妻子不够温柔，大家都觉得自己知道对方是怎样的人，可自己又总觉得不是对方说的那种人。实际上，他们都只是在自己的思维体系里去猜测对方的想法而已。

大多数的女性以为改变了男人才会幸福，却不明白自己才是幸福的重要因素。男性是天生的理性思维，不善于建立关系，这恰好是女性的天赋，也是女性力量的来源。看似在关系里她们更被动，实际上却因为这一份柔软占据了主动。

而当她们开始隐藏起自己的情感，拒绝表露任何的脆弱时，关系就变得针锋相对，失去了本身力量的她们，用强硬的方式跟男性较量，最终受伤的还是原本脆弱的自己。

海灵格说，在关系中，都是女性引领男性，亲密关系也不例外。这需要女性带着好奇、柔软和非批判的眼光，让男性放下自己的盔甲，愿意讲出自己的心里话。这就像一束光，照进他的心里，他懂得了自己，才会真正懂得女性。所以，在关系里，女人变得不再温暖时，关系就无法热起来。

女人就像关系里的小太阳，可以发出光和热，而男人更像地球，既不发光也不发热，却适合生存。若从没有阳光照到他，他就感觉不到自己的重要，一个黑暗的星球自然也不会肯定太阳存在的意义。他们最大的不同是，地球是因为被照亮才懂得肯定对方，而太阳是先照亮别人才发现自己的价值。

活在爱中，体验不断蜕变和新生的力量

女性只有自己散发出光亮，才会看见自己的能量，进而在关系里获得理解和认可。这样的光亮，是爱的能力，是我们敞开心扉去冒险的意愿，是我们活出自我认同的起点。

没有任何关系是先准备好再开始的，爱只能在关系中才能学会。当女性不再爱时，就好比太阳失去自己的光芒，周围的一切都陷入了黑暗，想被人看见也将变得艰难。

美国脱口秀女王奥普拉·温弗莉讲过，她曾经与三万人交谈，他们都有一个相同的共性——希望获得认可。他们想知道自己说的话是否被对方明白，是否在别人看来是有道理的。

女性的柔软和理解，润物细无声，不必像男性一样较量，却有深入人心的力量。这个时代给予了女性多样的选择和机会，我们却很容易追求以男性化为主导的比较，而忽略了自身具有的温婉柔润的力量。

当女性开始以男性化的理性思维要求自己，衡量关系利弊的选择时，就不再能发自内心地去爱人，我们自己的力量也在那一刻被封锁了，只得在自己的世界里孤独悲凉。而当她们重新开始去爱时，不管经历如何，不管对方怎样，又能重新体验到蜕变和新生的力量。

古希腊作家普鲁塔克曾说，我们对内在修养的追求将会改变外在现实。或许，对女性来说，无须急着去改变对方，学会看见自己，珍惜自己柔软的力量，每个人都可以成为关系里的小太阳！

作者　|罗近月，心理咨询师，专栏撰稿人。擅长用简单的语言和独特的视角，助力女性内在提升和自我修炼。

女人的名字不再是弱者

| 甜阁下

精神的独立，会让女人变得果断、勇敢、坚定和富有担当。

对男人来说，女人像是猜不透的谜，扑朔迷离，难以理解和靠近。女人很多时候也会把自己视作是和男人不同品种的人，自觉或不自觉地把自己和男人区别开来，扮演着这个世界让女人扮演的角色。

女人的形象往往是别人给的。聪明伶俐的小女孩、知书达理的大学生、善解人意的妻子、温柔体贴的母亲、精明干练的女上司、配合默契的闺蜜……总体上来说，女人应该是微笑天使，像三月和煦的阳光，能给人带来温暖、维护良好的人际关系、及时提供爱和关怀、做好时刻畅通的沟通桥梁。

当女人习惯了这样的角色扮演，人们口中的“好女人”的形象就树立起来了。卡伦·霍妮在《女性心理学》中总结道：“我们传统中认为的有女人味的女人，就是一个除了对男人纵情奉献外别无其他人生目的的人。”“好女人”的口碑，正是建立在男人提出的标准之上的，周国平曾提到他眼中的好女人的特点：“温柔，聪慧，善解人意。单纯一点儿，不要太功利，女人一功利就特别俗。当然，我摆脱不了男人的偏见，还喜欢女人漂亮。”

在以男性视角为主导的现实社会里，女人的自我意识会被压抑，内心也会变得矛盾重重。到底是要坚持自我，按真实的意愿去创造生活，还是让自己迎合社会的需要，获得别人的赞赏和认可，这对女人来说，是两难的选择。如果女人坚持己见，努力过上独立自主的生活，就容易被社会看成是异类；如果女人对外部世界选择了顺从和配合的态度，就容易让自己处在从属地位，成为莎士比亚口中所说的那种弱者。

即使是新时代的职业女性，仍然还是会徘徊在传统和时尚观念之间，将个人的价值仍然紧密地与家庭和男人相连。有一位对个人成功寄以厚望又对自己的野心惴惴不安的女性这样和我说：

“一方面我觉得自己应该过平淡充实的生活，一方面又觉得没有权力和强势地位就很不安。我承认我内心对于成功还是渴望的，我想成为很能干的人，像强大的男人一样。我的内心非常纠结，既要迎合外界的要求，又不想被外界的标准改变自己，同时内心又很挣扎，害怕自己做不好，也许迟迟不愿意迎合和害怕自己失败也有关系。但是瞻前顾后会让自己失去很多机会，担心没有能力得到社会的认可。想看到自己的优秀，焦虑和自我责备带来的无力感就又多一分。”

这正是女人面对个人价值实现的时候所感受到的压力，那些令她内心矛盾、困惑的想法，反映了她的性别意识和自我意识，她既想要自我保护，又想要自我发展。我们的社会对男人和女人的期待是不一样的，社会要求男人要优秀，要聪明，要有竞争力，要追求成功，对女人的要求则偏向温驯、听话、安静、配合、不要和别人争，成功不成功无所谓，站在一个成功的男人背后就可以了。

女人想要有权力，想要成功，就意味着要像男人一样优秀，一样要面对激烈的竞争，甚至要和别人有惨烈的厮杀，才能过关晋级摘取成功之果。所以，女人的内心是分裂的。如果要符合外界标准，就会压抑自己的进取心；如果想像男人一样厉害，就不能安于一个女人的角色，不能让自己的生活安于平淡。女人正是通过在自我和社会角色之间摆荡，激活自己的进取心，进而获得人格上的独立的。

“女性的价值取决于她们在社会生活中的表现。”这是新时代女性的标准。

新女性是一群摆脱了对男人的依赖，既能凭着自己的能力对社会施加影响，又能把家庭和自己的生活安排得有声有色的人，并且爱好广泛，自我意识极强，拒绝被社会定义。她们在不断地改写着女人的历史，不断地刷新着女人作为一个独立的人的情感体验，个人经历跌宕起伏，内心富足而安宁。

女性登山家罗静酷爱户外极限运动，她认为人生总要有一件事情是要做到极限的。为了在登山这项本来属于男性专属领域的运动中挑战自我的力量，获得成就感，她放弃了原本悠然自得的白领工作，放弃了漂亮的衣服和高档化妆品，甚至牺牲了大量本该陪伴在孩子身边的时间。

在她成功登顶的分享会上，她不无感慨地说："最让人揪心的是，攀登到4000多米的冰岩混合峭壁时，我整个人悬在半空中，头顶不断有冰块

碎石散落，多停留一秒，危险系数都在增大，我的心理近乎崩溃，但最终还是选择了坚持。”

人在面对危险和死亡威胁的时候，要么丧失斗志，束手就擒，要么咬紧牙关，当机立断，判断危险信号，从慌乱到平静，依靠自己的意志来化险为夷。对罗静来说，长年的户外运动经验让她明白了一个道理，物质的追求并不能让人满足现状，想要让生命更有价值，就不能认同女性的身体条件是弱势的，相反，女性的身体被赋予了比男人更丰富的激素和生理能力，能够在严寒酷暑中接受挑战，更灵活地自我调节。

采取行动，让女人迸发潜能，主动迎接困难，把责任担在自己肩上，毫不含糊地做出决定，坦率地提出自己的要求，像男人一样敢于冒风险，承担失败带来的打击，不对挫折轻易屈服。

“我知道我生就一副孱弱的女人之躯，但在我的胸中有一颗王者之心，一颗英格兰国王的心。”伊丽莎白女王一世如是说。当一个女人成为一个思想上的王者，行为上的强者，站在世界的中心，打碎性别观念给自身设下的桎梏，内心就能够变得充实而丰盈。个体的美丽，智慧才干的发挥，惊人力量的展示，自我价值的实现，往往会在令人惊诧的时刻发生。

经济的独立，对女人来说仅是自立的基本条件。如果一个女人拥有了经济保障，继续去遵从社会的期待，扮演“好女人”的角色，依然以男人为中心组织自己的生活，那么她就无法做到真正意义上的独立自主，就不算是一个自由的人。

女人要从弱者的位置走出来，使自己成为独立的个体，和男人同样有广阔的发展天地，就要意识到，探索成功的机会、追寻梦想的实现、按自己的主张来活出精彩的自我，才能摆脱依附男人的困境。精神的独立，会让女人变得果断、勇敢、坚定和富有担当。

不断地坚持作为一个人的信念，而不是做一个纯粹意义上的女人，抛开一切对女人的定义，精致的妆容、华美的服饰、得体的举止并非是女人的标配，上得厅堂、下得厨房，会赚钱能养家，会自己换灯泡、修水管也不是衡量女人能力的标准。女人在两性世界不再是附属的角色，而是能够为自己发声，能为自己做决定的自由人。

在开放的包容的社会，女人面临的现实困境虽然还有很多，但我们当中的不少人，已经掌握了通往自由之路的钥匙——价值观的转变。从被动接受到主动选择接受，认识到成为独立个体的重要性，提升自己的主体意识，用实际行为确立自己的主体地位，用自己的实际行动塑造多元化的价值观。

这个世界的进步，需要女人力量的释放来推动！

作者　|甜阁下，后现代心理咨询师，北大心理学专业，知乎最具人文思想的心理咨询师，中国白丝带志愿者。擅长使用多元文化解构心理困惑。咨询领域：婚姻家庭、婚外情、个人困惑、亲子关系、性心理、家庭暴力。

女人，为什么认可自己的价值这么难？

| 廖畅

不管别人怎样看待自己，不要忘记自己的初心。

做人难，做女人更难！这句话不知道击中了多少女性的内心。

作为中国的女人，历来都是活得不易的。女人的价值要得到认可，尤其艰难。在这里，我说的不是一个女人的成就，而是作为一个女人，她本身就具有的价值。

先来看看我们这个社会是如何看待女人的。中国的女人，是最能背锅的一个群体，所有人的问题，都可以怪到她的头上。

当丈夫有外遇的时候，人们第一反应想的是这个女人如此糟糕，留不住她的丈夫。意思是，这个女人没有满足男人的需要，有问题的一定首先是这个女人。当然，婚姻的问题一定跟双方有关，所以我在这里强调的是第一反应。在第一反应中，人们忽略了这个男人是否能够沟通和协调自己的需要，是否忠诚，是否能够接受需要会被限制的感觉。事实上，有过出轨经历的男人，常常会再次出轨。因为出轨可能成为他逃避婚姻问题的出口。但是当人们将矛头指向女人的时候，很容易忽略这些部分。

当一个女性遭遇性侵的时候，人们第一反应也不是去指责罪犯，而是怀疑这个女性，她是不是不正经？

最先被指责的不是那个背叛婚姻的人，不是那个罪犯，而是女人。

在一个家庭里，婆媳关系出现问题的时候，人们第一反应想到的是这个婆婆太刁难，或者媳妇太不懂事。人们很少会去想，这个男人是否有边界？是否会处理关系？实际上大部分的婆媳关系，是由于家庭里的男人边界不清晰而引起的。

当一个孩子出现问题的时候，人们第一反应也是觉得他的母亲没有给予足够的关爱，或者是母亲太过严厉等。无数的理论冒了出来，教女人如何成为一个好母亲，却很少有理论教一个男人如何成为一个好父亲。当然，这其中一个重要原因是女人才是孩子接触的第一个客体，母婴关系对孩子的影响确实远远大于父亲对孩子的影响。但我今天想讨论的是，即使在生产之后，也很少有人去思考，作为家庭成员的父亲，此时要如何与母亲共同解决给孩子建立内心的安全感，给孩子稳定包容的客体这个难题。在我们的社会里，常见的是父亲只负责挣钱，早期的喂养功能习惯性地扔给了母亲。生育之后，恰恰是女人非常脆弱的时刻。此刻女人尤其需要丈夫来为自己提供滋养，好让自己能够更好地滋养孩子。这些问题，又有多少人愿意去思考呢？

还有个明显的例子，就是单身男人和单身女人受到的评论差别极大。当一个女人到了已婚年龄却依然单身的时候，人们本能地会质疑她，是不是有什么问题？而一个单身男人，人们对他的观点则宽容许多：他选择过那样的生活。人们很难想象，女人也可以选择过那样的生活。

重点在于，以上种种常见的第一反应，不仅仅是男人，包括女人自己，也常常会这样想。这些质疑的，多数还是女人们。

这反映了大部分人潜意识中的看法：一个女人只有在关系中存在，她才是有价值的。她首先是妻子，是母亲，最后才是她自己。所以为什么说女孩是最快乐的，因为那时的女人，还是她自己。当她处在关系之中的时候，她马上以关系中的某个角色出现，她自己就变成了次要的。如果一个女性成为妻子和母亲之后，以自己的需要为主，她往往容易成为被指责的对象。正如人们会质疑是因为女人没有满足自己的丈夫，丈夫才会出轨。人们很少会体谅这个女人是否在婚姻中得到了满足。

通常对女人们批判得最厉害的，还是女同胞们。所以才有了那句经典名言：女人何苦为难女人。

为什么会出现这种情况？

从心理学的角度来理解，那是因为女人们也认同了这个社会对她们的看法。她们首先要为别人提供价值，然后才能有自己的价值。不管是那些第一反应批评别的女人的女人们，还是被质疑的女人自己，都认同了这一点。

我们很容易理解在那些质疑女人的人们心中，女性本身的价值是不被承认的。他们认为女性一定是因为自己不够好，才得不到社会的尊重。

为什么说那些被质疑的女人们也认同了这部分呢？为什么说她们也觉得自己的价值是被否定的呢？

看看女人们的反应就知道了。当

出现问题的时候，女人们也常常怀疑自己。现在最关心如何自我成长，如何养育孩子，如何经营关系的大部分都是女人，这当然是好事。但是很多女人会陷入两种反复的情形里，要么反复指责外界，将一切问题指向外部；要么将一切指责指向自己身上。这两种心态对应的是：我是一个没有能力为自己负责的人，需要你为我负起责任来，以及一切都是我的责任。女人要么成为一个全能的神，要么成为一个无能的孩子。这观点总结起来就是：如果我有缺陷，就表明我没有任何价值。此时的女人就不能够以一个普通的女人而存在：我有自己的价值，当然也有属于我的缺陷。

只有当女人自己怀疑自己的时候，外界的质疑才会对自己产生影响。

大部分单身女性的焦虑普遍比单身男性多。因为女人们潜意识中也有这样的观念：如果没有关系，自己的价值似乎也不见了。在她们心中，当她们在关系中对别人有所贡献时，她们才拥有自己的价值。

当然，并不是所有的女人都会认同这部分。但绝大部分女人想要不受影响是困难的。那么，哪些因素影响了女人对自己形成“自己的价值只有在满足他人的时候才能存在”的看法呢？

首先是集体文化对潜意识的影响。尽管重男轻女已经不再那么普遍，但仍然有很多地方存在。而我们的母亲，多多少少都受到这个观念的影响。在重男轻女的家庭氛围里，作为女孩而出生，影响着母亲在这个家庭之中的地位。许多母亲在第一眼看到这是个女孩之后，就会陷入失望之中。对婴儿来说，母亲全身心的关注是她感觉到自己的存在的来源。缺少这种关注，婴儿就很容易怀疑自己的存在，终其一生，都会不断地寻求这种感觉。那些没有被母亲看见的女孩，潜意识里认同了这种感觉：我不被母亲需要，因此才没有被看见。只有满足母亲的需要，自己才会被看见。被看见，才有活着的感觉。这就是满足他人的需要，自己才得以存在的感觉的来源。

其次是自尊的影响。如果一个女性本来自尊就比较低的话，容易通过从外界寻求认可，来确定自己的价值。一旦自己遭到质疑，会立刻放弃自己原本的观点，继而怀疑自己。只有当别人承认自己是对的，自己才敢承认自己是对的。高自尊的女性比较不容易因为外界的质疑就怀疑自己。这就是为什么一些女性单身时很容易感到焦虑，但是同样有不少优质的单身女性（我们所见的几位女明星）照样安心过自己的生活，绽放光彩，等待缘分的来临。

最后是对需要的态度的影响。我们的文化强调了母亲的伟大，这些母爱的光辉背后的故事，都是母亲如何为孩子放弃了自己的需要。对一些深受这些观念影响的女性来说，满足自己的需要似乎是一件自私的事情，所以她们只能通过不断地满足别人，来让别人更愿意满足自己。而当别人无法觉察自己的需要时，她们也不能自在地提出要求，这就导致了很多充满怨气的女人出现，抱怨自己没有得到满足，感觉自己被对方否定了，却不肯明确提出自己的需要。

以上这些情况，都容易让女人们怀疑自己的价值，怀疑自己的需要是次于他人的。而女人对自己的这些怀疑，也容易投射到其他女人身上，继而怀疑、否定其他的女人。这些质疑又会进一步影响到自己的女儿，形成一个不容易突破的轮回。

那么，一个认可自己价值的女人，究竟是怎样的？

比如天后王菲就是一个非常认可自己的人。刚开始跟谢霆锋在一起的时候，即使许多人不认可，她也不会因此质疑自己，而是勇敢地追求自己的需要。当一段关系走到尽头的时候，她既不抱怨对方，也不抱怨自己。同时，她并没有因为追求自己想要的人生就不再照顾其他人的需求。我们看到，她依然关心自己的孩子，甚至和前夫的家人的关系也在维持着。

比如演员袁姗姗。多次出演女一号，然而演技和美貌却遭人质疑，收到众多要求“滚出娱乐圈”的评论。但是她却跟着大家一起自嘲，承认自己的剧照被PS得很难看，然后努力提升自己。之后一段时间，她沉寂下来，不再出演古装剧的女一号。终于，在健身成功亮出马甲线之后，扭转了大家对她的印象。不管别人怎么看待她，她依然坚持自己的选择，然后努力让自己变得更好。

总结起来，认可自己，以下几点非常重要：

首先，不管别人怎样看待自己，不要忘记自己的初心。尊重自己的想法和观点，既听得进别人的意见，也不要盲目否定自己的所有。肯定自己的同时，也承认自己的不足。

其次，允许自己大大方方去要，去表达自己的需要和想法，但同时也能够照顾别人的需要。

第三，不管别人怎么质疑，有一点别忘了，自己的感觉和想法，至少对自己来说是最重要的。

最后，永远不要放弃提升自己。只有当自己确实有实力的时候，才能提高自尊。提高了自尊，才不会那么容易受到外界影响。

祝愿天底下的女人们都能够活出自我！

作者 ｜廖畅，二级心理咨询师，心理学硕士，精神分析取向。广州和真心理合伙人，首席咨询师。

平衡，爱才会出现火花

专访李安妮

在穿上或脱下高跟鞋之前问自己，我完全接受身为女人的自己吗？

你要拥抱完整的自己

此时此刻，在我们面前的安妮，性感、有活力，充满女人味又丝毫不矫揉造作。而二十多岁在印度修行的时候，她曾经把头发完全剃光，斜背的包袱里只放了一块肥皂，没有任何一瓶保养品，就这样光头过了三年完全排斥任何女性元素的苦行僧生活。在修行中，性也变成禁忌，没有人讨论或接触，安妮开始完全不想要性，变得非常阳刚。

可是这样的生活令她感到部分的身体似乎被封闭而淤塞，怎么会越修行越不平衡？

李安妮充满疑惑，直到她接触了肯·威尔伯的书，才意识到过去的自己一直使用强化阳性能量的修行，刻意排斥各种女性特质，使用否定自己的方式，反而造成修行的障碍。她笑着说：“我把自己男性化到极端，觉得女性的东西都不需要，我把女性能量都切断了，所以决定要开始把她们找回来。”

肯·威尔伯告诉我们：“需要去拥抱最低层面的自己，完全接受并崇拜自己内心的神，才能开启智慧。”男性的修行是用完全从社会人群中抽离的方式，就像是在山洞中闭关修行，才能保持平静；反之，女性的修行是活在这个世界中，经历世间的一切，完全地包容和接受所有的部分。

李安妮开始改变，她开始将头发留长，尝试一般年轻女生会玩的事情，开始学穿高跟鞋、学化妆、烫头发等，“当我开始拥抱我自己后，开始发现自己的成长。”李安妮体验这些，并非为了讨好别人或配合社会价值，而是用来提醒自己慢下来感受自己，向自己内在的女神表达敬意。

有狂野有温柔
女性能量包含所有情绪

从事咨询师工作超过十六年，李安妮发现无论是过去的自己，还是在帮助人们的过程中，最困难也最需要被解开的部分，就是接受自己的负面情绪和性能量。“我们不允许自己有负面情绪，还有遇到负面情绪时，就会想逃避、想推开它。”

李安妮形容，女性能量中有各种情绪，不能接受负面情绪，就等于否定了自己是女人。“我们歌颂女性能量中正面的部分，喜悦、温柔、无条件的爱，但女性能量不止这些，我们可以拥抱自己也有疯狂与情绪化的一面，例如放荡如妓女的时刻，发怒到想尖叫揍人的时刻，这些都是我们的一部分，不需要切断它、压抑它，如果假装它不存在就会失去平衡。”

平衡的阴与阳，是可以自由取用的，可以依照状况，像开车换挡一样，当我们需要阴性能量时，就把它汲取出来，变得很阴柔，很臣服、很放松。但需要工作的时候，也可以自在地让男性能量阳刚地展现出来。

女性觉知成长的三阶段
成为弹性的女人

如果把女人的觉知成长描述为三个阶段的话，第一阶段的女人很害怕做自己，所以需要依赖男人、家庭或父母才会觉得有安全感。可是需要依赖别人才能活时，就像是在汪洋里攀着一个浮木一样，你只能随着它漂，没有安全感。就像是小时候被父母、结婚后被先生，或是年老后被小孩控制得紧紧的。在习惯被控制的人生当中生活，压抑久了，很容易在不开心的时候感到自己是受害者。于是在夫妻、子女、婆媳间，家庭纷争也容易因此而展开。

第二个阶段的女人，开始独立起来，让自己生活独立，经济独立，自给自足，也能在社会上取得很高的成就。现在社会上很多女人都处于这个阶段，但这还不是最理想的状态。

因为此时女人的内心其实仍存在着第一个阶段的恐惧，害怕自己不能生存、害怕受伤，所以把自己塑造成女强人，变成另一个阶段的极端。但是内心仍是脆弱的，像是缺乏滋养的花朵。工作上因为使用很多男性能量，如果下班后，跟另一半还是用这个阳刚的男性能量相处，两个人是不会有爱的火花的。

就像磁铁，当阴极对上阳极时才会互相吸引，所以第二个阶段的女强人需要再成长到第三个阶段，成为弹性的女人。无论女人或男人，每个人身上都有阳性和阴性能量。

白天黑夜一样重要，阳性能量与阴性能量也一样重要。下班后我们需要卸下所有坚硬的阳性能量的象征，让自己回到阴性的状态，让自己柔软舒服地存在。

给自己时间
女性能量的转换与滋养

如果你目前正在第二个阶段，可以怎么做呢？看看自己的行程表有多少时间是泡在阴性能量里面的。阴性能量就是享受生命，不用考虑任何的效率、没有做任何让自己争取成就感的事，没有任何的目的，只要开心就好。有科学研究报告显示，当女人和其他女性朋友一起喝下午茶、聊天时，身体会产生催产素而降低压力。类似的还有纯粹为了看漂亮的东西而逛街，让五感获得愉悦，也可以享受按摩、泡温泉、跳舞、玩艺术、到大自然中走一走……

李安妮对正在第二阶段的女人提出个小秘诀：如果你白天都在使用阳性能量生活、工作，那下班后要给自己至少三十分钟的转换时间做女性的自己。这个转换时间你可以通过运动、瑜伽，通过任何活动让你的意识离开你的头脑进入你的身体，回到你的阴性能量后，再与另一半互动，这样你的女性能量会强很多。

要让自己成为一个闪闪发亮的完整女人，需要实现所有的阴性能量。“臣服”指的是无条件、完全地接受所有的自己，无论是大鼻孔、小眼睛的自己，还是爱哭的自己、离过婚的自己，甚至是性欲旺盛的自己。当你能够完全地接受所有的自己时，就会进入第三个阶段，不再恐惧，所以不需要这么拼命、不需要这么用力也可以被照顾好。这样的状态，也就是回到自己本体的智慧。

安全、道德又愉快的性是什么样的？

| 陈禹霏

性的愉快并不仅仅取决于伴侣，而是由双方共同创造的。

在爱情中，我们都有自己习惯扮演的角色。有的人是关系中的照顾者，散发母性，让人感到安全又温暖；有的人是付出者，喜欢通过为对方服务，获得满足感；有的人是享乐者，喜欢和伴侣成为紧密的玩伴；有的人是思考者，享受高强度的精神交流……扮演好自己的角色，对关系极为重要，但是到了性爱的部分，许多人却迷茫了。

我在做性观念课程的半年中，女人们提出了各式各样的问题，似乎对于自己在性爱中的角色非常迷茫：为什么老公开始对我不感兴趣了？为什么他不愿意尝试新的姿势？为什么他的需求很低？为什么我没有高潮？他看同性的裸体正常吗？

绝大部分的问题都围绕着对方的反应，而自己的感受和需求被放得很低。似乎几十年过去了，女性的性爱仍然像《海蒂性学报告》中提到的那样：女性有一种倾向，将性爱中的快乐归功于对方，而将不愉快归咎于自身的某种缺陷。之所以认为自己有缺陷，可能是认为在性爱中有高潮的女人才是正常的，也可能是认为性幻想是罪恶的，或者认为对方的不满足是因为自己的技巧不够丰富娴熟。

这些问题中浮现出了一个共性，关于性爱，我们缺乏了一个可以想象的图景：到底对我来说，安全、道德、愉快的性是什么样的？

因为这幅图景的缺失，最直接的影响便是，我们很容易在性爱中失去自信，怀疑自己是否有魅力，过分在意对方的反应。当我们和伴侣毫无遮掩地面对面时，内心却充满了各种矛盾的声音。性成为了一种工具，去满足对方的需要，去检验自己是否被怜爱，却唯独不是从自身的需要出发。

性意味着很多，如果把性分为经历、观念和技巧，技巧通常是最容易被问及的部分。表面上看，性技巧似乎可以让我们拥有某种诱惑伴侣的特质，如何挑一首唤起情欲的音乐，如何选一身合体的情趣内衣，如何讲出让人脸红心跳的情话，学会了这些，那么性爱就一定会愉快吗？

很不幸的是，事实并不是这样。在性方面的经历，决定了我们的性观念，而观念影响着在性爱中的感受。不止一次有年轻的女孩问，我穿上情趣内衣觉得很别扭，手脚都不知道往哪里放，怎么办？这时候你就会发现，并不是那件内衣给予了你性感，而你能否驾驭那件内衣，才是事情的关键。

经历无法改变，观念却是可以改变的，观念也会决定我们在未来体验到的性爱是什么样的滋味。曾经有一位女人提到自己的性经历，那个男人抱怨她“松弛”，这句话影响了她很多年，遇到现在的男朋友，不论他怎么赞美、认可她的身体，她总怀疑男友是为了安慰自己才这么说的。这个信念也让她在性爱中束手束脚，背上沉重的心理负担，打从心底，她觉得自己就是一个无法享受性爱的人。

当我们对性爱有负面的观念，技巧就很难发挥原有的作用，因为你永远无法确信自己的魅力，反而会更加关注伴侣那些看起来不太满意的信号，来验证“自己缺乏魅力”的信念。

当然，那个男人的抱怨的确很伤人，任何一个年轻的女人遭遇这样的评价，很难完全不受影响。特别是对于女性来说，在性爱中获取情感满足的需求非常高，性不仅仅是性，还意味着自己是不是令人喜欢，是不是值得被爱，因此就更容易受到负面评价的影响。对方的不满意，直接挫伤了自己的价值感。

通常在性爱中遇到不好的经历，我们都缺少一个出口，向朋友倾诉性事？是如此难以启齿，于是受挫的感觉连同无数疑惑一起埋藏在内心。所以，改变观念也就意味着，要重新回顾过去的经历，看哪些信念被深刻地留了下来。

从这个角度出发，我们会发现，什么是安全、道德、愉快的性，并没有标准答案，而是来源于三个感受：对生殖器的感受、对性的感受和对性伴侣的感受。这三种感受就像有色眼镜，决定了性爱的基调。

《纽约时报》畅销作家Peggy Orenstein曾经采访了大量年轻的女性，了解她们对性的感受。其中有一个细节是脱毛，这对美国女性来说是一件非常普遍的事，四分之三的大学生都会这么做。当Peggy和她们深入探讨时，却得到了一个答案：避免羞耻，因为男人好像不太喜欢“森林”。

对生殖器的负面感受，很多时候来源于不了解。不了解生理结构，不了解生理卫生常识，不了解生殖系统对女性的意义，这既源于性教育的不足，也源于我们好像忘记了，需要去了解身体的这个部分。

主动了解和被动了解的效果差异非常大，对生殖器的感受，仅仅是来源于性伴侣的反馈，这种被动的了解往往很有偏差。甚至，有些女人还提到过，即便男朋友很喜欢，自己仍然有肮脏和害羞的感觉。自己的身体，却不是由自己做主的。

同样的事情，也发生在对性的感受中。比如，初次发生性关系，是一个备受关心的话题，而很多问题都出在，过于看重初夜的体验，它是珍重的，却不该被赋予过多的含义。因为初夜的疼痛和不适，有的女性在长达几年的时间里都对性爱有抗拒。而这种感受蔓延到了两个人的关系中，性爱的不顺畅导致了关系无法进一步深入。

另一个经常被提到的话题，是对性本身有羞耻、肮脏和罪恶感。比如，震惊地发现伴侣居然有除了自己之外的性幻想对象，于是加以道德谴责；或者当感觉到自己的性需求没有被满足时，把自己评价成一个荡妇，压抑自己的需求。性和一些负面感受紧紧联系在一起，所谓的保守，实际上暗藏了很多禁忌。

而对性伴侣的感受，牵涉的不仅是性，还有亲密关系。在稳定的伴侣关系中，这一点尤为突出。刚开始在一起时，性生活很活跃，也充满了热情，但相处时间长久以后，如何处理情欲自然的降温，对有的伴侣就很困难。

维持一段稳定的关系，性只是其中一部分，和谐的性、有共同的生活

目标、健康的情感状态，共同搭建出稳定感。缺少了另外两个部分做基础，单独来解决性的问题，就非常困难。

比如，在你看来，男人是以工作压力为借口拒绝做爱，而从男人的角度，他除了承受工作压力，还要承受家庭内的怨气，这无疑是情欲杀手。

又比如，有的女人抱怨为什么都是自己主动，好像伴侣没有需求。仔细询问她和伴侣的生活状态，会发现她不仅是在性关系中要占据主动权，在生活的很多方面都是强势的状态，让伴侣听从自己的决定，于是性似乎就成为了她单方面的事情，好与不好，都由发号施令的那个人来承担责任。

所以，对你来说，安全、道德、愉快的性是什么样的？你的经历造就了什么样的性观念？这两个问题，不断把我们拉回到自主的状态，性的愉快并不取决于伴侣，而是共同创造的，就算遇到所谓的高手，一个顾虑重重的自己，也无法享受。而那些选择了主动追求性爱愉快的女性，不断学习探索，不断打破束缚，性爱中可以获得情感满足，也可以获得做自己的满足。

作者 | 陈禹霏，心理学硕士，国家二级心理咨询师，现居住在成都，从事心理咨询工作，主要领域为情绪障碍、情感关系与个人成长。

学会接纳另一半

| 黄骐

扫一扫“码上听”学习接纳另一半

冥想引导词：

我们的生命始于大自然的孕育，经由父亲和母亲，来到这个世界。所以我们有母亲的一半，也有父亲的一半。

为什么现在很多女人活得不像女人，甚至感受不到自己是女人呢？不光是因为她们丢失了与家族女性的联结，或者说遗忘了她们与家族女性的联结，以及与大地母亲、与大自然的联结，还因为，她们没有给男人位置。

中国的很多女人都像小孩子一样，需要哄，需要宠。这不是女人，而是孩子。这些女人缺乏父爱，为什么？因为很多母亲不让孩子靠近父亲。她们不尊重男人，不认可男人，看不到男人的努力和价值。当一个女人变得自大，原本的爱和柔软就消失了。

孩子的一半是父亲，另一半是母亲。一切其实是始于父亲的。

人们总觉得，母亲才是一切的开始，女人才是最伟大的，才是可以孕育一切的。但是，如果没有男人，生命哪里会开始呢？

而我们在心里何时真正给了男人他们应得的位置呢？

现在，我想邀请你闭上眼睛。

想象你的父亲就站在母亲身边。

请你看着他们，在心里对他们说：“谢谢你们一起给了我生命。”

然后向他们深深地鞠躬。

我们只有尊重生命的源头，才会真正接纳自己、爱自己。

接下来，请你继续想象，你每一位过去的伴侣（包括性伴侣）依次排成一队，站在你面前。

请你慢慢地转向第一位，看着他的眼睛，不论你们之间曾经发生过什么，都对他说：“谢谢你的存在。你给我的一切，我都当作礼物珍藏，谢谢你！我给你的，也都是我送给你的礼物。对于我们关系的结束，我承担我的责任，我也把你的责任留给你。你在我的生命中永远有一个位置。”然后，慢慢地转向第二位、第三位……然后同样看着他们的眼睛，用心对他们这样说，直到你感谢了所有过去的伴侣。

如果你现在有伴侣，请你感谢所有过去的伴侣，是他们的离开腾出了位置给你现在的伴侣。然后，你设想自己站在现任伴侣面前，对他说：“谢谢你所有过去的伴侣，是她们的离开空出了位置给我。谢谢你给我的一切，我完完全全接纳你本来的样子。”

仙人掌

如果你是流动的
就可以优雅地转变

Chapter5 如水一般流动

永远在流动，
顺应环境的变化，
并且不断地学习、成长。

柔中带刚的女性智慧

| 张德芬

柔中带刚就是说，在柔情似水之余，我们还是要为自己守好一定的界限，不得让别人越轨。

有一次和两个朋友聊天。其中一个朋友A埋怨她老公，每次她出来上课、旅游的时候，回家时老公都不来接她，因为各种理由的忙。难得一次来接她了，却挂着一张臭脸。A问老公怎么了，老公拉长着脸说："来的时候雾好大，害我差点儿迷路找不到机场。"A

当时觉得很崩溃，这种男人，一场大雾就把他打败了，还能成就什么事！

另外一个朋友B其实是男同志，但是个性比女人还柔。他说："那你怎么不撒娇说，'你好棒哦！你看，你这不是成功地到机场来接我了吗？'"接下来的发展就不用说了。A和老公久别重逢，但是那一晚回去气氛就很差。A一直都在腹诽这个男人，觉得他情商太低，而且付出一点儿都要计较，以后日子怎么过下去。日后离婚了，这也是A拿来控诉老公的"罪状"之一。

而要是像B那样处理的话，再臭脸的老公面对老婆的娇笑称赞，也会柔缓下来，气氛自然不同，结果也会大不相同。这就活出了女人的"以柔克刚"的绝活，但是，能这样做自己内心得有多强大、性格得要多开朗正向啊！A可能从小就有不被爱的情结，所以面对老公的脸色，她会觉得是因为他不够爱她所致，其实，她老公的情绪和她一点儿关系都没有。所以，有"不被爱"情结的女人，在关系里很容易就会"作"，作女是最需要回头看自己不被爱的模式的。

前一阵子著名作家琼瑶因为夫婿年老病危是否需要插鼻胃管的事情，和老公前妻所生子女发生了口角。琼瑶阿姨年纪也不小了，但语言还是挺戏剧化的。她形容自己的人生"一败涂地"，失智的老公喊她"妈"，也让她崩溃大哭，扑在他怀里说"我不是你妈！"这种极端情绪化、戏剧化的性格模式，也让琼瑶阿姨的晚年不会很平静。这也引出了我们下一个话题：女性需要感性和理性并重，尤其是一定年龄之后，一定要让自己心智成熟，但又不失小女人的天真。

成熟不需要用世故来打造，经历苦难的折磨固然可以让一个人快速长大，但也容易让一个女人失去欢颜和童真。拥有一定智慧、愿意回头检讨反省自己的女人，可以不用苦难来催生自己的成熟。而顽固又傲慢的人，可能就需要“破茧重生”的重打击来强迫自己理性、睿智地面对人生的考验。

如果能够学会坦然面对痛苦，愿意接纳自己的阴暗面和不足而活得自在安适，那么，女性本身纯然的天真、娇柔之气就还能够保存下来。不过，女人的柔软、包容也需要和不能勇敢为自己维护界限分清楚。柔中带刚就是说，在柔情似水之余，我们还是要为自己守好一定的界限，不得让

别人越轨。

我有一个朋友C本身非常优秀，学历傲人，成就也不错。但是因为从小父母对她弟弟偏心，所以她常常不由自主地讨好所有人，无法做自己。朋友只要对她提出要求，她都不知道如何拒绝。而对自己的保护也是过了头，和她交往，我觉得她总是隔了一层防护罩在和我说话。

在一次旅行的机缘中，碰到一个很会和人撕的朋友，D的自我界限分明，不容侵犯，不去讨好任何人，也不让任何人越界来侵犯。C在旅行团中遭到隐性攻击，D就教她招数回击。C虽然还是不想当面和人冲突，但是已经信心十足地准备好，如果对方再次越界，就要开撕了。回家之后，C开始演练各种“坦然做自己、说真话”的招数，后来她告诉我，从来没有活得如此畅快过。好像是那个勇气之阀被打开之后，C真的可以理直气壮地做自己了。

我最近也在学习尽量用理性的角度看待事情（以前一直是比较感性），并且把一件事情分成许多不同的层次去看。比方说两个人的冲突，可能是在争论谁对谁错，也可能是在批评彼此行为的好与坏，也可能是不满意对方的“态度”问题。这三个争论点，是因人、因地制宜的。

亲密关系里面永远都不要争论对错，而是告诉对方你的言行让我有什么样的感受，不是贴上好或坏的标签，而是着重在“态度”的问题。其实最终，亲密关系里面双方想要的都是“重要性”和“安全感”，明白这点以后，在亲密关系中撕的时候，要注意的就是双方的“感受”问题，而不是对错、好坏。

而在其他场合，比方说办公室，可能就要据“理”力争，而不是去批评对方的态度和行为（因为在这种地方，没有人有义务要对你好，给你好脸色的）。如果自己没理，那么即使对方态度不好，你也要根据当时的情况承认自己的错误，而不是情绪化地去指责。那么根据我的经验，对方的态度立刻会好转，即使当场没有改变，之后也多半会良心发现，对你有歉意。当然，如果自己是有理的一方，无论对方如何胡搅蛮缠的，也要抓好自己“对的立场”，不要和对方在行为好坏或是态度问题上扯不清。立场中正了，就能维护住那一口“气”，不浪费在无谓的纠葛上，这才是刚柔并济的女性智慧之道。

真正好的生命，是一条能量流动的河流

| 十二

真正有力量的女人，绝不是让自己强大到无坚不摧，而是像一所有很多窗户、门的房子，外面的人看得见里面的风景。里面的人，也能看到外面的风景。

十年前，我心里只有工作，像很多人一样觉得只有靠自己才能出头。和朋友之间，也是尽量多帮助她们，却很少向她们寻求帮助。时常在自己心力交瘁的时候，一个人躲在卧室号啕大哭。

这其实是自己给自己造了一个上锁的门，别人根本不知道你需要什么，你却总在抱怨付出与回报太不成正比。

我用了十年的时间，学会了示弱，学会了依靠他人，学会了放手。
这个有多难，我相信只有和我一样的人才知道。
但你，必须，要学。

是什么时候发现，坚强并不是一件令人骄傲的事情呢？是从一个朋友的一段直言开始。

我记得有一次一个朋友无比诚恳地跟我说，你从来不跟我们说任何的困惑和烦恼，你那么强大，我们真的不知道可以帮你什么。时间久了，就忘记应该要做点什么了。

真的从来没有说过吗？

仔细想想，还真的如此。

朋友说，最近在忙什么呢？总是回答——没有忙什么啊。心里想着，都是些琐事，说了大家也帮不上什么，反而徒增烦恼。

在一起喝茶聊天的时候，爱说话爱聊天的朋友们忙着讨论着工作的事、家庭的事、孩子的事，我也忙着给她们出谋划策。等到她们说完，我似乎也没什么可说了。

原来，在我大脑潜意识的深处，活了这么久，竟然有一块空白的处女地，是我从来没有想过去开垦的——那就是，除了付出、除了妥协，我还可以以什么样的方式来维系关系，来证明自己的存在？

如果你也和我一样，有一个坚强到从不轻易倾诉委屈，也不向人求助的母亲，我想，你很可能跟我一样，人生有这样的一个空白之处。

这样的人，即使拎着大箱子出门旅行，也从来不会跟身边的壮汉求助说，可以帮我放一下箱子到行李架吗？

还记得有一次，我早早地跟朋友说了要去青岛。到了之后，告诉她我已经到了青岛。我就等着她来主动约我。第二天她没有主动问我，第三天也没有。第四天，我已经到了机场，她说你忙完了吗，要不要见见？我说，我已经要走了。

她竟然很生气地说，我都不知道你来几天，有什么其他安排，才不敢打扰你，太不把我当朋友了。

我感激她的生气，因为从前朋友总是客气说——哦，那下次再约吧。而她的生气，捅破了那层客气的窗户纸，让我知道——错不在她，而在于我。

那个时候，我才突然想起这样的话，先生也同样跟我说过——你每次都已经安排好了，我似乎只能配合你。我不问，你也很少知道要主动跟我说，你需要我做什么，在什么时候，需要我提前空出来时间。

当时他说的时候，我不以为意，觉得这些都是不关心的借口。等到这样的事情再次出现的时候，我才理解他的苦衷——我并没有为他留出足够的空间，让他在我这里发挥足够的价值。

也许我想过无数次，为什么你不帮我做这件事，但我的潜意识已经支配了我的行为——说了也帮不上忙，还是自己做更快吧，为什么他不能自己发现并且主动提出呢?

于是，这样的行为，真的就一次次证实了潜意识的结论——还是靠自己最靠谱吧。

直到我发现：原来，需求是需要主动说的。当你心里真的给对方留出空间的时候，一切都变得不一样了。当你真的敢去依赖，并且直言那份依赖的时候，你才是真的强大。

在女人成长的路途中，似乎有太多的道理和观点，都在让我们变得更无畏、更勇敢、学会为自己负责。这些当然都没有错。

但对于天生缺乏柔软能量，被逼着勇敢坚强的女性来说，她们弓箭上的那个弦已经被拉得很满了，再用力，其实已经濒临崩断。

这就是为什么平时看起来坚毅的女人们，时常需要躲起来号啕大哭，或者因一件小事情绪失控。因为她们的内心，都忙着在要求自己，都忙着在付出、忙着输出能量，却很难从身边的人身上吸取到能量，这样的能量失衡，长久下去，是要出问题的。

中国传统里，讲究如水的智慧。

我总以为，水的智慧，在于包容，在于坚忍。现在我才明白，水的智慧在于循环、在于借势，如果没有天上之水，如果没有汇聚万千溪流，一条河迟早会干涸。

这就像储蓄和理财的区别。

如果你不懂，你的钱就是死的，只有固定利息，再辛苦也跑不赢通胀压力。

一旦你学会了理财，你的钱就会流动起来，你投资自己，也在投资别人，钱能自动生钱。

真正有力量的女人，绝不是让自己强大到无坚不摧，而是像一所有很多窗户、门的房子，外面的人看得见里面的风景。里面的人，也能看到外面的风景。

我们互为彼此的风景，真正参与到彼此的人生中。

你是否经常苦恼于身边人不了解你？
你是否很少敢于直接向他人寻求帮助？
你是不是常常习惯于埋头苦苦煎熬？
你是否觉得自己的付出远比得到的要多得多？

或许，是时候做出改变了。

这真的是我十年以来人生最大的进步。

作者 ｜十二，治愈系畅销书作家，坚信：真正的美人，熬得过岁月。已出版《不畏将来，不念过去》《最好的年龄刚刚开始》《贪心的女人更好命》等著作。

女人，你需要确定自己的界限

| 张颖

女人需要确定自己的界限，反叛任何人强加在你身上的痛苦，无论对方是谁。

女人从小到大就被教育要去照顾别人、为他人付出，要爱父母、爱孩子、爱丈夫、爱朋友。传统的观念让很多女人习惯了以满足别人的方式去生活，习惯了去爱别人。在大部分女人的人生字典里，唯独没有“爱自己”这个词，“爱自己”总是被人扭曲成自私、自我，成为一个负面的词。于是，渐渐地我们就在这样的观念中不断牺牲自己、不断为别人付出，我们主动地忽略了自己、遗忘了自己。孩子、爱人、父母都排在自己的前面，自己的需要永远是排在最后的，甚至永远都排不上，我们的喜怒哀乐都仰赖于他人对我们的认可和赞美。

孩子的快乐才是我们的快乐，伴侣的成功才是我们的成功，家人的幸福才是我们的幸福，我们忘记了去向自己内心寻找快乐和幸福。

我一直很好奇，为什么来找我做个案的大部分都是女性。生活中总有那么一些人、一些事，在不经意中让这些女人受伤、流泪。通过一个又一个的个案，我知道了原因。因为女人所经历的痛苦是男人的很多倍，为什么这么说？

因为，如果是贤妻良母型的，以照顾丈夫和孩子为快乐，可能男人会贬低她没有自己的生活和兴趣爱好；如果是职业女性，想要开创自己的事业，也许男人责怪她没有时间照顾家庭、照顾孩子；如果不会打扮、勤俭节约，可能男人嘲讽她没有品味；如果注重穿着、打扮时髦，男人也许又指责她乱花钱，不懂持家；如果对性的需要大于伴侣，男人会说女人年纪大了不应该老想着这档事；如果性冷淡、性趣缺缺，男人可能又指责女人太索然无味。

一年365天，几乎每一天女人都在忙忙碌碌，工作、家务、照顾孩子、照顾父母。女人需要在同一时间处理多项任务，她在一天当中可能同时需要工作、照顾孩子、做家务，而男人大多数时候只进行单项任务——工作、工作、工作。大多数女人没有足够的休息时间，她们整天操心孩子，操劳家务，处理一些家庭的琐碎事情。而男人除了工作可能比较忙碌外，其他的时间他们大多是自由自在的，家庭、孩子不会太影响他们的社交和生活。很少有男人会知道，女人在家里面的劳动量是他们的好多倍，他们无法理解女人的辛劳和抱怨。如果丈夫和妻子互换一下角色，相信不用一个月的时间，大部分丈夫都会受不了、大声抱怨。

没有一个男人懂得女人的劳累、压力和辛苦，只有女人才知道自己承担了多少身体的疲惫和心理的压力。试问一下，有多少男人能够数年如一日做着那些单调、无趣、烦琐的家务？大多数男人都认为做家务活、照顾孩子是女人的事情，男人觉得不去承担这些是理所应当的。女人从早晨到晚上像一个奴隶一样忙碌着，为了整个家，为了孩子，为了父母。

虽然这些都是女人心甘情愿为家庭付出的，但是繁重的家务，调皮的孩子，照顾父母的责任，让女人的内心积攒了许多的压力。男人都希望回到家里看到妻子和孩子愉悦的笑脸，但身为丈夫从来都不知道一天下来妻子已经筋疲力尽了，有的甚至会对妻子说："你在家里有什么累的？哪有我上班辛苦？"然后男人指责女人没有以前温柔和善解人意了，但是他们却没有想一想，原本那个善良、快乐、充满活力和情趣的女人是如何消失的。

女人都希望有人能够倾听她们，希望得到他人的理解和认可，但这对男人来说往往很难，他们无法去理解女人内心的需要。女人喜欢向自己的朋友倾诉，而男人更倾向于在家里释放负面情绪。男人给女人带来的大部分伤害往往都是无意间的语言造成的，那些评判指责的话语、挑剔嘲笑的语言，是如此冷酷和无情。大多数时候男人都没有意识到自己对女人语言上的残忍和冷漠，长期恶言恶语对女人带来的伤痛是多么严重。一个女人如果长期在充满指责、缺乏沟通的家庭环境中生活，就会像失去阳光照耀的花朵一样日渐枯萎。

范丽（文中人物均为化名）和丈夫大闹了一场。她对我说："我不要再过这样的生活了，我没有自己的时间和生活，除了工作，我还要照顾两个孩子。丈夫什么事都不做，只知道自己看电视，经常出去和朋友玩到深更半夜才回家。我说他，他比我更凶，他说我让他讨厌。我以为他能给我想要的生活，我等了这么多年，我不想再欺骗自己了。"

方婷是一家企业的部门负责人，她很能干，工作表现出色。家里也是里里外外一把手，每天下班陪孩子学习，双休日还要管家里新房的装修，连父母家的房子装修也是她一手搞定。丈夫不但一点儿都不能帮她分担家务和照顾孩子，还说是她自己太操心了，没事找事。

李娜和我是多年的朋友，约我见面的时候，一直忍不住流泪。她生了一个儿子、一个女儿，刚好凑成一个"好"。她温柔贤惠，把家里照料得很好，整洁又温馨，两个孩子也照顾得很好，乖巧懂事。但是老公最近一年公司经营不太顺利，回到家就经常拿孩子和她当出气筒，时不时地指责她没用，待在家里不会赚钱。她问我，难道这真的是我的错吗？

王玲的丈夫是朋友圈公认的老好人，在公司、和朋友聚会都表现得彬彬有礼、和蔼可亲，很会照顾别人，大家都说王玲嫁了个好老公。王玲却说他在家完全不是这样，下班回到家总冷着一张脸，对家人、对孩子左挑剔、右指责，动不动就发脾气。有的时候脾气爆发出来完全失控，用很难听的话伤害家人。

女人需要确定自己的界限，反叛任何人强加在你身上的痛苦，无论对方是谁。在你的生活中有一些事情发生，有一些人令你感到愤怒和生气，这些都是在帮助你建立你的界限，哪些是你可以做的，哪些是需要他人去做的？你是怎样缺少了对你自己、你的生活的保护？

你会去想，我想要的生活是怎样的？你会去说，不行，我现在不想做这件事，我需要先照顾好我自己，我要先休息。

当家人把负面的情绪扔向你时，你会很强硬而且坚定地说“不”吗？你会说“请你去处理好自己的情绪，不要把愤怒扔向我。我不想听这样的话，我不愿意再继续和你沟通”吗？或者，“你这样指责我，误解我，让我很难过伤心”吗？

当你被要求不停地付出，不停地去做各种各样的事情，当你失去自己的时间时，你会去说什么，会去做什么呢？

你需要去建立个人的界限，建立清楚的界限。如果你在繁忙的事务中消耗着自己的体力和精力，过度付出，即使已经身心疲惫，也不知道应该去拒绝，应该停一停，休息一下；如果你不懂得如何去说“不”，你的缺乏界限只会让他人觉得你是没有极限的，那么他人对待你的方式就会没有极限。你生活中的模式就会变成他人总是不断地要求你，不断地向你索取，你不被他人尊重，不被重视、不被关心和照顾。

没有人是没有极限的，我们都会有疲惫、脆弱的时候，都有难过、伤心的时候，我们都有需要被照顾、被关心的时候，我们也都需要被他人尊重、理解和支持，需要受到他人的重视和认可。界限是至关重要的，因为它能让别人知道你是谁，你的立场是什么，你的底线在哪里。

女人的爱是与生俱来的，她更慈悲、善良、善解人意。女人比男人更有能力去爱，女人的爱是一种精神上的体验。女人往往比男人更像小孩，她们充满好奇心和纯真，也更懂得倾听。女人比较沉着、宁静、有耐心、能等待。这些都深深地植根于女人的内在。

女人首先要学习的是爱自己，这样你才会成为一个值得被爱的人。学会爱自己，学会去做自己，因为没有人比你自己还值得你深爱。学会规划自己的生活，不过度地付出和牺牲自己，给自己空间和时间，保持自己身体和心灵的健康。

为自己而活，过自己想要的生活，坚持自己的立场。为自己而活，就是理解自己，接受自己，取悦自己。照顾好自己，爱你自己，唯有这样，才会爱生活，才能更快乐。

当你学会为自己而活，你会发现，人生的每一天，都会充满阳光。

作者 ｜张颖，国际蒙特梭利协会（AMI）3-6岁资格教师，杭州师范大学特聘讲师，亲子家庭教育顾问。10年专业心理学背景，家庭系统排列导师。擅长从情绪入手、疗愈童年时期的创伤，解决问题的根源。

所谓成熟，就是一个不再想占便宜的过程

| 卢悦

不用去寻求发光体了，你就可以成为一颗发光体。

这个世界我们说过的最多的谎话，就是我们在热恋中说的那些情话。一场情感越是热烈、越是激情四射，它的虚假成分就越多。为什么呢？因为饥饿。

我们看到的童话，绝大多数都是女主出身贫贱，或者本来高贵，但却遭遇悲惨而沦为社会底层或者置身于生死边缘。

比如《卖火柴的小女孩》，卖不出火柴，她宁可流落街头也不愿回去。在被打死和被冻死之间，她宁可选择被冻死。在饥寒交迫之际，她看着别人家的温暖，唯一可以安抚自己的，就是幻想，有了幻想的陪伴，她才能安然辞世。这根本就不是童话好吗？

安徒生同学，你为什么不安排一个神仙教母来让她的幻想成真？因为他这次破天荒地写了现实，而非童话。童话是让好孩子得救的，是要实现逆袭的，是要占便宜的。

什么是占便宜？

占便宜就是人生的逆转，不是靠自己的本事，而是靠别人的本事。

《灰姑娘》就是一个占便宜的故事。在现实中灰姑娘翻身的可能性是小概率事件。但是灰姑娘凭借外挂神仙的帮助，战胜了现实。所以这样的故事，只有儿童相信。当我们有了一定的理性以后，就会了解到，那终究只是幻想而已。

但是情感是唯一的特区。我们可以在其他任何领域都非常现实化，但却会留情感这个飞地，试图把它变成wonderland。但结果，往往是悲惨的。

那么为什么我们只是在情感中做梦和幻想呢？

第一个原因是：惯的——未曾吃过亏，所以以为就情感可以占便宜。

我举个例子：一个小孩，在家里是混世魔王，但在幼儿园就是乖巧听话的好孩子。为什么呢？如果他在幼儿园还拿出在家里的那套，在老师和同学那里不管用了，所以他自然就吃亏了，然后就学会了尊重现实。

所以他学会了两套系统，在家里，他执行童话的系统；在学校，他执行现实系统。当他走入婚姻的时候，他也是如此分区。

第二个原因是：伤的——吃了太多的亏，所以幻想占点儿便宜。

为什么现在有这么多老人喜欢“碰瓷儿”？只要调查一下就会知道，这些老人的幸福感往往是很低的。他们往往会有这样的心态：我吃了一辈子的亏了，太亏了，我要捞回来一些。还有另外一种人，比如灰姑娘那样的女孩，她们也是吃了太多的亏，是什么让她们可以坚持在父母的冷遇中存活下来？就是她们的幻想。

一个人的幻想能力越强，越说明她在现实中往往乏善可陈，甚至充满创伤，如果有人可以理解和安抚，她不至于启动幻想这样的防御机制。

情感中大概有四个神话：

1.只要我发愿，就会有一个人把我从灰姑娘变成公主的。

小A，遇到了B先生，B先生就像是伯乐识马，浪里淘金一样，在他的注视下，她觉得自己如盛装出席华美的舞会一样，成为世界上最闪耀的发光体。

但最终当情感结束的时候，她发现更痛苦的事情正等着她：她甚至无法容忍自己原来灰姑娘的地下室了，一个做过公主的女孩如何忍受这样的灰暗的世界，可是她只是月亮而已，当太阳不再照耀她的时候，她的世界就陷入了更加难以忍受的黑暗之中。

2. 只要我发愿，会有一个人始终如一地为我负责。

小B，遇到了C先生，他一直都是那么体贴珍爱她，出则开车接送，住则煎炒烹炸，为她做尽美食，而且还为他们的孩子鞍前马后，是人见人爱的好男人，可是有一天他说我累了，我不想这么照顾你了，我也想有人照顾，我对你仁至义尽了。此后，她发现自己像被豢养的小猫，已经没有生活能力了。

3. 只要我做个好孩子，他就永远会爱着我。

小C，遇到了D先生，她极尽圣

母之能，甚至他出轨的时候，她还恐怕他被其他女人骗，还想要保护他。她是人人称道的好老婆和好媳妇，连老公都说，我想找个理由和你离婚都很牵强，也许唯一能找到的理由就是你太完美了，在你这样的无懈可击的人面前，我没有存在感。

4. 只要我足够努力，爱就会一直在。

小D则是另外一个努力成长的女孩，因为婚姻出了问题，她开始一哭二闹三上吊，逼迫对方就范。她花了很多时间做心理咨询，参加各种课程，性情大变，但他还是决绝地要离开她，她很悲摧：我都改变了这么多，为什么你还要离开我？

因为现实不是你建构的，不是你抱着美好愿望，努力做个好人或者努力成长，就一定会给你同等回报的。现实有现实的规律，童话有童话的规律。相对来说，童话的规律主要就是简单和省力。所以我们当然会情不自禁地喜欢童话。

那么我们该如何从童话中梦醒呢？

一般来说，一个人成熟与不成熟就看一个指标：他有没有内化父母的爱。我们会看到这样的现象，往往为父母所爱的孩子，长大后，未必很黏父母；而那些为父母忽视的孩子，长大以后反而会常常和父母纠缠不清。这是为什么呢？

我们的爱其实分为两个阶段：

第一个阶段，我们是外化他人的爱的。

此时，我们是一体的，就如同婴儿和妈妈的关系，两者难分难解。对婴儿来说，妈妈就是全部，对妈妈来说，婴儿就是她的全部，如果对方不在自己身边，我们就会怅然若失。

很多人分手后就有这样的痛苦：我感觉自己的一部分离自己而去，甚至我感觉自己的灵魂已经被他带走了，就只剩下一个躯壳了。这样的爱，自然是激情无限的，连我们彼此的边界都消失了。

第二阶段，我们是可以内化他人的爱的。

此时，我们将开始发现，我们不再是彼此的一切，妈妈还有爸爸，小婴儿还有其他的小伙伴，世界这么大，他想四处看看。

此时很多小孩就会尝试爬着离开自己的父母，然后回头看看父母是否还存在。慢慢地，父母在另外一个房间，孩子也可以安然无恙，因为他的内在可以有一种父母爱他的画面存在。这种客体的恒常性的稳定性决定了一个人一生的安全感。

父母的影响，会慢慢渗透到我们的内在。

检验我们的“客体恒常性”的时候，就是我们的人生发生危机的时候。如果我们内在的负面语言超过了我们内在的安抚语言，说明我们早年内化父母爱抚的影像不够。

我曾经看到一个小孩子跟在她的姥姥身后走，小孩子走起路来也是弓腰驼背，颤颤巍巍，这就是一种内化。

而父母对自己的点赞，对自己的笑脸，也会如走路姿势一样，慢慢渗透到我们的内在。父母如何安抚我们，我们长大以后就会如何安抚自己；父母是如何伤害我们的，我们长大以后就会如何伤害自己。

如果我们和父母的爱的连接早期不足，比如父母在我们生命的早期经常不在我们身边出现，或者我们身边的照顾者总是变换，那么我们内在的父母爱自己的影像是不稳定的，此时，我们就会停留在外化他人的爱的阶段，体现就是，我们很黏人，希望对方的陪伴。就像是电池出问题的手机一样，没过一会儿就要重新充电。

初级的爱是只享受快乐，不承担爱。

生活在爱的第一个阶段的人，往往就会希望对方在身体上永远不要离开自己。她甚至可以放弃和牺牲一切，只求对方可以有身体的陪伴。

她也更容易生活在幻想之中，更希望对方可以像父母一样无私地给她所有的爱，这种爱是一种超量的补偿性的爱——她期待爱人可以给予她过去几十年残缺的所有的爱，她想穿越回到婴儿时代，让伴侣做她的妈妈，她只享受爱，不承担成人的责任。

而如果对方没有达到她的要求，她就会用控制的方法，因为她不能接受对方不爱她，伴侣必须爱她，必须永远爱她，必须一直保持高浓度地爱她。她可能也知道自己在爱的时候，的确有些霸道，的确有些幼稚，但她没法改变。就像你没法让只有7秒钟记忆的鱼（科学证明鱼的记忆没有那么差，我举这个例子，只是一种象征）有长久记忆一样。

如果让她敢于松手，就像是让一个孩子在饿的时候不去哭泣一样。对一个婴儿来说，每次他饿的时候，都是生死危机，他不知道妈妈是否存在，是否会继续给他生命唯一的滋养。

从必须从他人那里获得资源，到可以内化他人的爱在心中，可以自己寻找资源，这一条道路，就叫作成长之路。

最高级别的爱是坦露与分享。

就像是一个人去狩猎，他的干粮决定了他去探险的距离；另外一个决定他探险的距离长短的是他的求生能力；如果他带的干粮（父母的爱），他的求生能力（他内化父母爱的影像的能力）足够，他就能跨越人生的种种崇山峻岭，戈壁险滩，最终找到人类最高级别的爱的幸福。

她的人生就会更多地与分享有关，而非与压抑和控制有关。

心理成长，其实就是一个真正地回归自我，和找到自我的过程，在这个过程中，我们可以积攒起足够多的爱的影像，最终变为一种真正的发自内心的温暖，从而可以在这个宇宙中驰骋。是的，不用去寻求发光体了，你就可以成为一颗发光体。

人从来都不就是行星，我们都是自己的恒星。

作者 | 卢悦，心之助首席情感专家、心理专家。

如果我一直不结婚

| Joy Liu

跟一个不合适的人生活在一起，才是这个世界上最寂寞的事情。因为你甚至都无法在那个“最亲近的人”面前做你自己。

单身女性，绝对不是需要同情和保护的生物，她们正在蜕变为这个时代最有魅力的女性。她们的迷人之处在于，她们依靠自己的智慧生存，自给自足。

为了在这个竞争激烈的世界生存，她们不断磨砺自己的心理和个性，直至闪耀发光，这些磨砺与结果一样美好而吸引人。

经济上，她们更充满梦幻般的魅力，她们不是寄生者、依附者，她们不像乞丐或者流浪汉那般卑微，她们是奉献者而非索取者，她们是成功者而非失败者。

——海伦·格利·布朗

《性与单身女孩》（*Sex and the single girl*）

今年我30岁，单身。我并不是一个不婚主义者，但就像所有到了我这个年纪的姑娘甚至小伙一样，我深切地体验着这个世界和我们建构出的文化对单身者的不友善、压力以及歧视。我们的文化不断鼓吹着婚姻的益处，就好像单身是一种病，需要被“治疗”一般。

我们善意的亲友和家人，为我们的单身生活感到焦虑。他们觉得我们一定过得很悲惨，甚至会想是不是因为我们有什么“心理问题”，所以才迟迟不愿走入婚姻。

当然了，最吓人的论调就是某些利益集团，为了让单身人士产生恐慌而购买他们的产品，描述了一幅“凄惨”的画面：一个独身老人垂垂老矣，在心脏病突发的时候，只有自己的猫在身边，最后因为没有被及时抢救而一个人病死在家中，尸体过了好几天，才被人发现。

是的，这一切都令我们恐慌：当我们想到自己晚年的光景，如果是在寂寥中孤独终老，那是一件多么可怕的事情。

这些担忧当然是有道理的，可是现在，Joy想邀请你放下盲目的恐惧，从不同的视角，去看看“单身”这件事情。

历史在一定程度上重复着自己，却又在每个时代都刻上了独属于自己的烙印。

而我们所生活的时代，可以说是史无前例，几乎没有任何历史参照的时代。为什么这么说呢？

可圈可点的地方太多了，而我只想说说跟单身和亲密关系有关的地方。

我们生活在一个人类历史上拥有最高离婚率的年代。在美国，所有的婚姻中，有一半以上会以离婚告终。而在中国的北上广深杭这样的一线城市，离婚率也超过了30%。离婚率的飙升当然与很多因素有关，但我仍旧觉得它其实是人类进步的表现：我们不再委屈自己留在一段让我们痛苦的关系中，我们不再因为背负着“道德枷锁”而不敢离婚，我们也不再害怕因为离婚而备受歧视（当然还是有很多歧视）。

女性在这个国家的地位，在经济上的独立和受教育程度，也是史无前例的。其实说来可笑，我们如今习以为常的一夫一妻制，是1950年颁布了《中华人民共和国婚姻法》之后，才开始执行的。数千年来，女性忍受着成为男人附属品和生育工具的角色，中国传统文化中，也有很多为直男癌价值体系的存在提供了肥沃的土壤。如今在美国，拥有高等学历的女性数量已经超过了男性，而在中国也有这样的趋势。虽然女性在职场和薪酬方面仍旧遭遇着不公平的待遇，但越来越多受过高等教育的女性选择进入职场，选择在经济上自给自足。

2015年国家统计局数据：调查发现，未婚群体中，城乡男女的受教育程度呈两极分化趋势，男女存在“错位”。数据显示，未婚女性绝大部分集中在城镇（92.5%），城镇未婚女性中受教育程度在大学专科以上的比重达到81.1%。而未婚男性更多地集中在农村，农村未婚男性受教育程度在初中及以下的比重达53.7%。（数据来源于网络）这意味着什么呢？这意味着生活在城镇，并且受过高等教育的女性，可能会无法找到一个跟她合拍的男性。

我们生活在一个革命性的网络社交时代。如今，微信和各种自媒体平台的兴起，社交软件和平台的盛行，几乎为人们提供了一个无时无刻不在社交的社会环境：一方面，我们比以往任何时候都更加有经济实力来享受一个人的时光，另一方面，我们也比以往任何时候都更加容易跟这个世界建立连接。

所有这些社会环境，是我们的父母根本没有经历过的。

在我身边有太多热爱生活、有生活智慧的单身女性，她们并不愿意妥协。她们在经济上完全独立，甚至优于很多男性。

她们不需要依靠婚姻来提供经济保障，也不需要把自己的生命意义完全建构在另一个人身上，因为她们已经通过积极参与社会活动和从事自己热情的工作，创造了强大的意义系统。她们甚至都有强大的社会支持系统，有很多好朋友，并且有非常活跃的社交生活。

她们单身，并不是因为她们“有病”或者“眼光太高”，而仅仅是因为她们一个人真的生活得很好，而她们不愿意“为了结婚而结婚”，她们愿意找一个能够提高而不是降低自己生活质量的人作为伴侣，不管是在经济上还是在心灵上。

“真爱”从来都不是一种救赎。

作为一名心理咨询师，我有幸聆听了很多来访者私密的婚姻生活故事。在这些故事中，我听到了太多太多不幸的婚姻，有太多是因为觉得自己“应该”结婚而造成的悲剧。

诚如我在上文中提到的，我们生活在一个史无前例的时代。我们所面对的社会背景和传统价值之间，有着强烈的碰撞和冲突。

一方面，我们仍旧被要求必须在一个特定的年纪结婚，虽然我们自己都搞不清我们到底为什么要结婚。

女性仍旧被期待至少要生一个孩子，因为这样她才是“一个完整的女人”，虽然我们也很难说清楚，到底为什么要生育。强大的社会文化有如我们头脑中巨大的耳语声，时刻鞭策着我们，还有我们周围的亲友们，要我们去遵守这些默认的社会准则。

而另一方面，我们又在经历着振奋人心的自由和对自己人生的自主权。

我无法想象，一个读完波伏娃的《第二性》的女性，可以跟一个要她“必须给我生两个儿子”的家庭结合。我也无法想象，在发达国家游历或者留学回来的男性，愿意跟一个没受过良好教育或者没头脑的女性生活在一起。

在这个信息和价值都越来越多元化的时代，我们有了更多机会把自己建构成自己喜欢的模样。它意味着我们对自己的人生有了更多的自主和独

立，同时也意味着我们更加需要理解彼此的不同。

这些矛盾和冲突让很多人在迟疑和犹豫中被硬生生地推入到一段婚姻中。可是最终他们都无法欺骗自己：一段糟糕的关系，远远比独自生活要痛苦得多。

最终让我的那些来访者有勇气顶着仍旧强大的社会压力，选择离开婚姻的，也许并不是多么让人激动不已的单身生活，而是一段糟糕到无法忍受，让他们每天都感觉到窒息的关系。

跟一个不合适的人生活在一起，才是这个世界上最寂寞的事情。因为你甚至都无法在那个“最亲近的人”面前做你自己。

强大的主流文化仍旧在给我们灌输这样的价值（尤其是女性）：只有摆脱了单身，你才是成功的。因为单身本身就很可耻。

我甚至曾经听来访者告诉我，她的母亲这样告诉她：“你现在必须找个人结婚，我不在乎你幸不幸福，反正你现在单身我觉得很丢人。就算你以后离婚，现在也得给我结婚！”

女性，如果“嫁不出去”，就是一件很丢人的事情。甚至这个充满敌意的主流文化，还给没有进入婚姻的女性起了一个羞耻性的名字：大龄剩女。

可是婚姻真的有我们想象的那样美好吗？

如果婚姻真的那么美好，那么在美国那样一个富有、包容并且完全尊重爱情的国度里，就不会有一半以上的婚姻以结束告终了。

那些充满勇气，并不向主流文化妥协的单身男女们，反而是出于对自己生命的责任，不轻易进入一段可能使彼此都变得不幸的关系中。

亲爱的父母们，请你们睁开眼看看你们那些还在单身的儿女们。他们中的很多人，过得比你们想象的要丰富精彩得多。

调查结果显示，单身人士比已婚人士更多地参与公益活动和社会活动，有更多的社交，有更强大的朋友网络（尤其是女性），能更多地参与艺术活动和学习活动，更多地到健身房健身……当我们不再用一段关系来定义自己的一切时，反而跟世界有了更加深刻的连接。

当然了，这幅图景也不全然是美好的。真的同样有很多每天宅在家里打游戏，昏天黑地，黑白颠倒地刷剧、上网或者沉迷于情色网站的单身人士。他们每天与电脑和手机为伴，吃饭基本靠外卖，情绪基本靠酒精、性、游戏或者视频来调节。

可是我想说，他们的生活状态并不是由“单身”造就的。那些放逐自己，不愿为自己生命负责的人，即使在一段关系中，也毫无魅力可言。“真爱”并不是一种救赎。相反，成熟完整的人格，关爱、理解和疼惜自己以及他人的能力，才是一段良好关系的保障。

我们所生活的时代，已经跟我们的祖辈大不相同了。

这个史无前例的时代，也许真的没有过往可以供我们参考。

如今很多享受着单身生活的人们，并不急着走入婚姻。但同时，他们又承受着来自主流文化的巨大的压力，承受着父母和亲友的焦虑，承受着害怕自己“孤独终老”的恐惧，承受着别人的不理解和不认同。

可是我们仍旧不愿意妥协。现在，尤其是作为女性，我们比以往任何时代的女性都更加有知识，有思想，有文化，更加在经济上独立，更加可以通过自己的努力去表达所有的天赋和才华，去自我实现。这样的女性（也包括男性），怎么可能仅仅因为“到了要结婚的年纪”，便随便找个人结婚了呢？

而越来越多的人也意识到，生育需要也许并不像我们想象的那么“本能”。我们在养育子女中所拥有的快乐和付出的代价，跟我们想要的自我实现和自我表达之间，可以有不同的选择。当养育子女的任何功能性理由都消失时（比如“养儿防老”），我们也许会问自己：我到底为什么要生孩子？

也许最终，我们要质疑婚姻本身：我们到底为什么要结婚？如果婚姻生活并没有让我们更幸福快乐，甚至成为我们的地狱，那我们为什么要结婚？

在这个史无前例的时代，我们可能要清醒地认识到，我们比以往任何时候，都享有更大的自由，同时也需要承担更大的、对自己生命的责任。

不要再让“单身”成为一个羞耻性的标签，它也可以是一种美好的生活状态。

当我们全身心地投入自己的生活，做着一份自己热爱的事业，积极地参与着社会活动，享受一个人时的阅读、写作、绘画和其他活动，拥有很多支持自己的好朋友，在生活上愿意为自己好好做饭，好好“宠溺自己”，并且一直在心灵上成长和成熟时，谁能说这样的单身生活，比一段糟糕的婚姻生活更差呢？

我们仍旧对亲密关系抱着开放和接纳的态度，只是我们不再用它来定义自己生活的全部了。我们知道“真爱”永远不是自己生活的救赎，我们对生命的热爱本身才是。

我相信，抱着这样的态度生活的我们，最终并不会“孤独终老”。因为我们在全心投入生活的过程中，早已为自己建构了强大的社会支持系统和彼此的社群。而真挚滋养的爱情，也只有在一个人真正完整地活着时，才可能持续地绽放。

父母亲友们，我们真的过得不错。请祝福我们，让我们去臣服于命运的安排，也享受自己的努力。对不起，我并不想成为你们口中说的“更好的自己”，我只想成为我喜欢的自己。

对不起，我成为我喜欢的自己，并不是为了“嫁个好男人”，而是因为我热爱生命本身，因为我愿意对自己的生命承担全部的责任。

作者 | Joy Liu，心理咨询师，创办繁荣成长工作坊，带你做自己生命的专家。

我们需要多少力量才能够真正自由

| 孙晴悦

自由的本质是一场最深的自律。

1

旅途中，在很长的一段时间里经常听林宥嘉的《想自由》。

“在摩天大楼渴求自由。”

后来，在央视工作到夜晚的日子里，透过玻璃外墙，看到十点还在堵车的东三环，也会想起这句歌词。

汽车小得像纸盒一般，所有人躲在自己的小纸盒里，在三环路上缓慢行驶，你很难说他们是加班回家，还是一个局散了奔赴下一个。两旁是灯火通明的写字楼，格子间里明晃晃的灯光，把玻璃外墙的写字楼衬得格外光怪陆离。

有时候看着密密麻麻的人群，会有局促感。我们每天忙忙碌碌，四处奔波，在偌大的城市里找不到方向。在灯火通明的写字楼里喝完最后一杯咖啡，或者哪怕是在通宵自习室里做完一套复习题，我们越来越努力，但我们是不是过得越来越不自由？

每天被考试催着，被老板催着，被房价催着，被所谓的诗和远方催着，我们越来越努力，为了过得更自由。但是工资涨不过房价，而且是远远涨不过。加班加不出假期，休假变得越来越奢侈。考试考不过泛滥的证书，考完这一张，永远还有下一张。都不知道这些千奇百怪的执业证书究竟要证明什么，而我们的英文水平竟需要那么一大堆不同名目的考试来证明。

好像一切离我们想要的都越来越远了。

2

我们生来自由，却不是所有人都有力量去拥有真正的自由。

这两个字，写起来简单，确是大部分人求而不可得的，尤其是女生。

女生在如今的社会里，要事业，要男人，要婚姻，要孩子，在家庭琐事中，还要安放我们自己的理想和追求，再加上传统观念，加上那些公婆的颜色，老公的抱怨。

有一个女友说：

自由？呵，女人天生就没资格谈自由。

“你如果能兼顾好家里家外，那么随便你要实现什么梦想。但如果不行，那我们不需要你工作，你只需要把家照顾好。”

这才是周围大多数女生的现状。

可是，现实越残酷，社会对我们越不友好，我们想要挣脱的心，想要不受束缚的心恰恰就越强大，所以这个时候，我们女生开始呐喊，我们想要自由。

于是，我们也开始羡慕别人的自由。

别人不用上班，不用打工，轻轻松松，写几个字，画几张插图，又或是随便在家做做代购，就能换来巨大的回报。

所以你说，你也不想干了，你也不想每天早高峰挤着地铁，啃着路边买来的煎饼果子，缩在这个巨大城市里的一个小小的格子间，听着老板的训斥，拿着永远有限的几千到上万块的工资，看着3~6万元一平方米的房子。

然后你开始抱怨，你说，你看看别人！你看看他们多自由。

然而，亲爱的姑娘，自由是需要力量的。

坚持、担当、果敢、自由需要的力量比任何的打工和理想的实现都要多。

一项目前为止看不到任何物质回报的事情，你能坚持多久？

比如，很多人觉得不屑一顾的，每天写作，然后贴在公众号里。

比如，放弃你目前的工作，用自己有限的积蓄去旅行，坚持写最专业的游记，拍最棒的照片，贴在论坛上，或是任何别人能够看见的地方，点击围观者众多，至少还满足了你的精神需求，但要能够变现，让国家旅游局请你去旅行，还有很长的路要走，更不用说一开始就没有人围观的。

比如说，你放弃大公司高薪的职位，自己叫上几个小伙伴一起做研发，即使你有非常好的想法，但是离天使投资还差着根本就说不清的时间。

你说，这些当然是有风险，所以你才坚持不下去。

那么我们拿一个稳赚的项目来打比方。

比如，你每天早上早起半小时去跑步。

你能坚持多久？

4

你想要的自由是需要付出巨大代价的。

你看别人自由，但是，你怎么不看看他们有多努力，多淡定，需要多自律，才能撑得起你看起来所谓自由的生活。

至少大部分的作者都会抱怨，完全没有自己的生活了，都会自嘲已经彻彻底底变成了一条公号狗，然后下一秒，他依然忍受着孤独、寂寞，在完全没有近期回报的状态下，深夜写作。

那些我们看起来很酷的自由旅行者，他们拍着国家地理杂志级别的照片，写着路上的奇遇和探险。但是大部分的旅途，或者说每一天的日子，他们都计算着盘缠，研究着线路，自己又做写手，又当摄影家，还要自己做运营、做公关，如此，才能做到那看起来简单的四个字，养活自己。

我们之所以那么着迷《背包十年》，不是因为小鹏去了我们没去过的地方，而是因为小鹏坚持了我们也想要坚持的路。

十年里，他做过电视台编导，在王府井签售过，也乞讨过。

我们看到的自由和洒脱，那都是后来的事了。

5

之前合作过的好多摄像，他们都是自由职业者，但是他们说，自由职业者才最不自由。因为一切都是客户至上。只要有活儿，他们都接，不管他们已经连续工作了多少天，不管他们已经买好了去夏威夷度假的机票。他们说，因为你永远也不知道，是不是下个月就没有那么多活儿了。而没有活儿的时候，还有一个家要养活。

自由的本质是一场最深的自律。

而绝非你想要几点钟起床就几点钟起床，你想要逃脱早高峰晚高峰，你想要在家办公还能照顾孩子，你想要避开黄金周也能去旅行，所以，你才想要做一个自由职业者。

这个世界上哪里有这样的好事？

我们口口声声说的自由，不过就是换了个方式说，我想要，想工作的时候工作，想玩儿的时候玩儿，但是我还想要有稳定的收入来源。

这是一种不假思索的贪心。我们大多数人想要自由，不过就是因为懒。

所以，不要再口口声声说自己想要自由，不要再悲壮万分地说自己是被困在摩天大楼里的小鸟，想要飞却怎么也飞不高。

等到有一天，你能坚持跑步了，你能淡定地面对别人的质疑了，你能为了自己想要的，付出超过常人的代价，你终于能接受失败了，终于在面对任何困境，比如说几个月甚至几年都缺钱，比如说别人二胎宝宝都会打酱油了，你依然能不以物喜，不以己悲，依然能自律地过好每一天，那么你才有可能获得你想要的自由。

因为，越有力量的女生，才越自由。

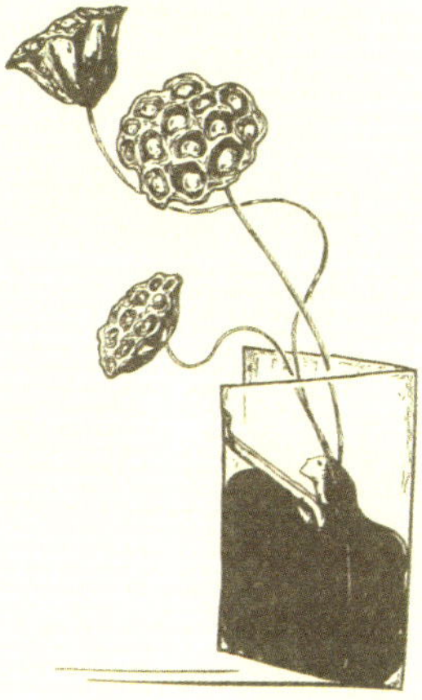

作者 | 孙晴悦，央视驻外记者，纠结的天秤座女生，想要诗和远方，也想要结婚生子，曾浪迹于拉丁美洲，如今依旧在路上，微博是@孙晴悦。

蔷薇

细嗅蔷薇
心有猛虎

Chapter6 如你所是的那样绽放

诚实面对自己的黑暗和痛苦，
勇敢活出自己真实的样貌。

当你活出自己时，就不再需要别人的赞同

| 张德芬

当你底气十足的时候，其他人其实会被你的坚定和平静给震慑住，而开始对你有了敬意。这时候，你就赢得了“真正做自己”之后的尊敬和佩服。

现代女性的新时尚，从我的角度来看，当然不会是任何外在的事物，而是一个向内看的“内在工作”，因此，“活出真实的自己”绝对应该是目标之一。

无论是在工作、爱情、家庭各方面，都能够忠于自己，潇洒地做自己想做的事情，但是又能面面俱到地照顾到重要关系户。

也许你会觉得这有矛盾之处，但是我的经验是，你活出自己，可以不需要别人的赞同和认可，但是需要别人的尊重，而这份尊重，是自己挣来的。

也许，一开始你没有底气，所以你会在意自己的重要关系户和你的关系，他看待你的态度和对待你的方式。

当我们越来越清楚自己想要的是什么时，再加上有能力和自己内在不舒服的感受共处，我们就可以回归自己的内心，去做自己想做的事。我们的重要关系户（父母、爱人、子女、密友、老板、同事）可能会不习惯、甚至反对。

但是因为你可以和自己内在的负面感受相处——可能是羞愧、不安、自责、愤怒、委屈等，你现在就可以气定神闲地去面对他们的挑战或责难。

当你底气十足的时候，其他人其实会被你的坚定和平静给震慑住，而开始对你有了敬意。这时候，你就赢得了“真正做自己”之后的尊敬和佩服。

这种新时尚相较于其他外在的经营、获得而言，真的是令人受用无穷，只是它的过程确实是不太容易。建立内心力量、因而有底气去做自己，最好的捷径就是学习和自己内在不舒服的感受相处。

比方说，你决定要留在一个大城市工作，可是你心里知道父母或家人期盼你能够回老家和他们生活。或是你自己不想结婚，至少不是那么快结婚，但是父母期盼你安定成家，甚至繁衍后代。

在这些期盼下，我们都会面临压力。这个时候，忠于自己就无比重要。你遵循你的内心，做自己想做的事，过自己想要的生活，难免就需要去面对自己内在的自责和愧疚。

很多人因为不想面对这些负面的感受，就屈从于他人的期盼和要求，而抹杀了自己的兴趣及渴望。在我看来，这是非常可惜的。

那些负面的感受，其实一直会在我们心里挥之不去，我们要学习的，就是允许它们存在，并接受它们的啃噬和折磨。练习一段时间之后，这种折磨会淡化，也许还会在某些时候冒出来让我们内心痛楚，但是力道和停留时间都会缩减。

另外一方面，我们也要看见，我们所爱之人对我们的要求，不见得都是无私的。由于他们自己的喜好，他们提出了一些看似合理但是极其自私的要求，我们必须为此埋单吗？也许我们可以找一些良师益友，和他们谈谈，转换一下自己的观念，不要让自己的一些老旧的想法绑架了我们的自由。

总之，接纳内心的不舒服，做自己觉得最心安理得的事，成为“新时尚”女性，但是也让自己的家人能够敬重你，是我们可以列入人生挑战的一个重大目标。

Less is more

用减法问问自己的内心，
什么是自己真正想要的，
不要那么多，
把自己所爱专注做好，
这一辈子就会很美好了。

对话 Part 5 张德芬 X 苏芒

什么是女性新时尚

| 张德芬：知名心灵作家
| 苏芒：时尚集团总裁、《时尚芭莎》总编辑

苏芒：我觉得爱自己的最好方式就是——为自己而活。在你的人生里，陪伴你最长时间的是自己，在每一个阶段，完成这个阶段想要的，你的一生将有很多的收获和精彩。美丽、性感、快乐、感性，身为一个女人，所有的优点你都具备了，谁还会不爱你呢？做一个让自己骄傲的女人吧，爱你的人，拥有世上最大的福气。

苏芒：转眼间，“芭莎明星慈善夜”已经整整做了14年。因为慈善夜，我从一个只懂得时装和自己的女人，一个只关注时装和生活的编辑，开始了解到一个与时尚毫无关系的世界。因为慈善我们获得了一种力量，虽然身在繁华如梦的时尚和名利场中，却始终能够忽然地清醒起来；虽然在成倍增加的工作量中，却依然能够永不放弃。做慈善，我们是为了帮助那些没有机会、希望和能力的贫弱群体。真正募集善款，改善他们的生存条件，才是我们真正应该在乎和全力以赴去做的事情。一切有利于传播慈善理念、推动社会正能量聚合的事，都是我们在乎的。在前进的道路上，你能有时间照顾所有人的感受、回答所有人的质疑吗？解释，真的有用吗？你的梦想也好，目标也好，重要的是你实现了它。专注于自己真正想要做的事，排除万难去做成它，那就是你最好的回答。

苏芒：我觉得最重要的是保持自己的独立性。每个人生来就是一个独立的个体，尽管我们都希望遇到那个懂得自己理解自己的人，来共同分享生活的酸甜苦辣，一起前进，互相取暖，会在遇到那个人的时候惊喜感动。但是说到底没有谁能够完完全全地拥有另一个人，即使婚姻能把两个人变成一个整体，却不能把两个人变成一个人。所以在亲密关系中，也不能丢了自己，要知道什么是自己想要的、自己热爱的。每个人和每个人的相处模式都不同，没有定式。好的爱情，是让两个人都可以变得更好、走得更远。生活没有攻略，需要每个人去自己摸索。

苏芒：结婚还是不结婚、生孩子还是不生孩子，重要的是看你想要怎样的生活。不结婚不一定不完整，结婚了也不能保证你幸福。幸福不是仅指爱情，幸福是懂得如何与自己好好相处。如果一个人连自己的生活都还过不好，结婚了也很可能经营不好家庭生活。并不是每一个人都适合建立家庭，现如今结婚生子已经不再是每个人必须遵守的人生道路，有的人不希望被关系所束缚，他们渴望的是更广阔的天地，而有些人期望的是家庭生活的美满安逸，不必为别人的看法所左右。知道什么是自己想要的生活，并且为之而努力，这样就好。

张德芬：您觉得时尚女性所具备的精神都有哪些？您欣赏的时尚女性都有哪些？为什么？

苏芒：我认为时尚女性所具备的精神有：努力、坚定、勇敢。在我与超人气红遍天的米兰达·可儿见面前，我也对她海蓝宝石般的眼睛、红丝绒蛋糕般的嘴唇和走起路来盈盈带风的长腿不以为意。直到在纽约泰利·理查森家的客厅里，她边吃自制牛油果米饼，边坦白地说起成名前在日本发展时的艰难和对jetsetter（指拥有闲暇时间、金钱、经常飞去世界各地旅行或工作的人）的理解时，我才被眼前这个惊人美丽的女孩震撼到：智商、情商、爱商、美商，均如此之高，想不红也难。很显然，除了长腿，没有什么是老天白给的。她们此刻所拥有的非凡声誉、爱情与事业，是她们自少女时代起就一日都不敢松懈、勤奋经营自己的成果。勇敢不是从不害怕，是明知前方并非坦途，仍毅然选择坚定不移。因为曲折，才更动人。

张德芬：在您的时尚生涯中，当您遭遇困难的时刻，是什么激励您走过暗夜？您是如何突破的？

苏芒：被提拔为时尚集团总裁的那一年，我遇到了前所未有的挑战。一瞬间，我站在了责任和理想的十字路口，前方是巨大的迷茫。一方面，我热爱“芭莎”、慈善，对写在纸上美丽而宏大的5年发展计划充满热情；另一方面，集团的发展，迎接新媒体时代由技术带来的可以服务无限多用户的巨大机遇……还有女儿进入青春期，教育的问题，数字移动互联网需要解决的无数问题。我已经拥有了可以奋斗一生的事业、家庭和感情，难道不是已经很好了吗？用工匠精神，把事业打造到极致，不是很好吗？于是，我开始问自己，什么是我真正想要的。这个时候总会想起那句less is more(少，即是多)。用减法问问自己的内心，什么是自己真正想要的，不要那么多，把自己所爱的专注做好，这一辈子就会很美好了。

不要害怕创造自己，虽然它让人焦虑

| Joy Liu

我们都渴望爱与被爱，但它似乎又是一件让人害怕的事情。为什么呢？也许因为我们既渴望被人看到，同时又害怕被人看到；我们既渴望看到别人，又害怕真正看到别人。

有创造性的人，在我看来，是那些能够跟焦虑共处的人，尽管他们会付出高昂的代价——不安全感、敏感和用经典的希腊说法——对于“神圣的疯狂”毫无抵御能力。他们不逃避非存在（non-being），但是通过与它相遇和斗争，迫使它变成存在。他们敲响静默，来得到一个音乐的回应。他们追逐无意义，直到他们可以把它变成有意义。

——罗·洛梅（存在主义心理学家）

这是一个让我无比心动的主题，也是让我在30年的生命中一直在探索的主题：我们真的可以创造自己吗？

创造是仅仅属于少数艺术家的，还是属于每个人的呢？是不是只有逻辑和理性是生活的必需，而创造和艺术是一种奢侈品？

今天我想大胆地提出一个相反的观点：创造不是生活中的奢侈品，而是生命的本质基础和必需品。没有机会去创造和表达，是让很多人抑郁，感到无意义，甚至自杀的一个很重要的原因。

作为一名心理咨询师，我似乎越来越清晰地看到困扰着当代人的烦恼：表面上我们生活得很好，但同时我们却觉得无比痛苦。别人都觉得我们没有理由不快乐，我们也觉得好像没什么不对，但是一切却又是那么不对。每当夜深人静或者当我们有机会从忙碌的追逐中停下来时，我们就感到一种虚无和无意义感，好像自己根本没有真正活过。

是什么让我们有活着的感觉?

我觉得存在主义哲学和心理学的最大贡献，就是对于死亡和生命密不可分的本质的探索和探讨。正是因为我们每个人在宇宙的长河中，仅仅微不足道地存活数十年，我们才逐渐意识到，就像萨特所说的，我们是被投掷在这个世界上的，我们的生命本身并不存在任何意义。

这句话听起来特别可怕对不对？

如果生命本身并没有任何意义，我们为什么要活着呢？

也许这个问题本身，就是生命对我们的叩问，就是需要我们穷尽一生来回答的问题。

所以我首先想告诉你的是，我并不比你更知道答案，并且我对于自己生命意义的回答，一定是由我所经历的世界，我的知识框架和我的局限所共同建构的独一无二的答案。但我仍旧想邀请你一起做个探索：是什么让你有活着的感觉？是什么给予了你生命的意义？

我想首先讲讲自己的故事。

在22岁以前，跟很多同龄人一样，我过着循规蹈矩的生活。似乎我根本不需要探索自己生命的意义，因为父母和社会准则已经为我规划好了：考上一所好大学，找到一份好工作，嫁一个好人，了此一生，the end！

我似乎从未怀疑过这样的生活，直到有一天，比起不符合社会准则的恐惧，我发现，不能充分地活着让我更加恐惧。这件事情说起来可能还是跟死亡有关。在我22岁时，我深爱的爷爷去世了。他的死亡提醒我：终有一天，死神也会把我带走。

死亡不再仅仅是一个智力上的概念，在那一刻我明白，跟所有人类一样，我也难逃一死。于是我开始害怕了：这样的生活是我想要的吗？为什么我总是隐约觉得自己没有真正活过？渐渐地我好像开始明白，从前的生活都是被“安排”的，而我从来没有想过除了这些，还能有怎样的可能。

于是我开始了跟无意义感的抗争，直到我找到了自己的热情：心理学。

这个开始就像是我生命的一个按钮：在我生命的前22年里，我像一个有既定程序的机器一样活着，而从无意义中创造意义，并创造自己的过程，就是我生命的按钮，是它让我真正地，一点点地，活了过来。

没错，就是从无意义和虚无中，创造自己生命意义的过程，让我开始有了活着的感觉。

我创造了什么呢？这8年来我创造了跟从前全然不同的自我认同：我从一个理工女变成了一个人文女；从研究物理世界变成了研究心灵世界；从彻头彻尾信仰“科学”和理性主义，变成了用另一种眼光看待理性和科学，实现了从“科学范式”的人生到“艺术范式”的人生的转变。它们并没有哪个更好，但那个本来就敏感、感性并且充满创造性的自己，是我人生的前22年都死掉的部分。

创造不是一种奢侈，它就是生命本身

我想你可能跟我有类似的经历。

在我读高三的那年，学校把我们的美术、体育、音乐和所有“没用”的课都停掉了。从我们教育系统和主流价值中出来的孩子们，从此就落下了一种“病”，这种病叫作“没有用”。

从前那些跟成绩无关的东西，都叫没有用。现在，当我们步入社会，那些跟升职加薪、业绩、地位、赚钱，找对象和成家立业不相干的东西，也都叫没有用。

我们的情感和作为一个人对整个世界的感应不被珍视，因为它们“没有用”。就像在我悲伤的时候，我母亲永远会说：“悲伤有用吗？还不如好好生活。”可是我想告诉我母亲以及全天下所有母亲的是，悲伤、抑郁，甚至绝望，都有它们的价值。

悲伤不被容许，悲伤就无法流动，它就会变成滞留在我们身体里的毒瘤。而当悲伤被好好珍视，被聆听、被看到、被表达时，它反而成了我们成长的驱动力，反而让我们更接近自己。悲伤，还有这个世界上的所有情感，都是生命力的燃料，都是创造的源泉。

我们看文学类书籍和电影都会觉得内疚，因为它们“没有用”。对，其实我就是在说我自己。在很长一段时间里我都不敢去看小说，总觉得还有好多专业书没看，看小说就是在“浪费时间”。在失恋的这段时间里，我看了很多很多小说，从保罗·科埃略的所有奇幻小说，到马尔克斯的《霍乱中的爱情》，从王尔德的《自深深处》到毛姆的《月亮和六便士》。我还看了无数的电影，从重口味的《女性瘾者》到文艺范儿的《爱乐之城》。它们都在帮助我理解我所经历的一切。

我开始意识到文学和电影对我个人的价值：就像罗·洛梅所说的，阅读本身就是一种创造。我们并不是消极地阅读和看电影，而是在这个看的过程中，有些从前没有的东西在我们的心里被激发了，我们产生了新的感受、想法，甚至是对这个世界新的认知。这些因为跟文学和电影作品“相遇”而产生的、在我们内心深处独一无二的感受、想法和认知，本身就是一种创造过程。在这个过程中，我感觉到深深被治愈了：我看到自己所经历的东西也在被这个世界上的无数灵魂经历着，我看到了除我生命之外的其他选择和其他故事版本，我在遇见这些故事的过程中产生了不同以往的想法和感受。

我们甚至觉得爱是“没用的”，所以我们选择用性代替爱，因为上床似乎比袒露心声更容易。我们选择不让自己全情投入到一段关系中，这样我们就“安全”了，因为谁都知道，全心全意地投入一段关系，就必然会被这段关系改变（不管好坏），而改变让我们焦虑和恐惧。

可是，在我看来，爱是人类最伟大的创造。如果我们把创造定义成让从前不存在的东西存在，那么还有什么比爱更富有创造性呢？如果说有什么能赋予生命强大的意义感，那么创造爱的过程本身，就是一个答案。很多关系的死亡，不是因为他们“不相爱”了，而是因为从某个时刻起，他们都忘记了在这段关系中创造“新爱”。

创造，诚如所有的艺术一样，并不是一种奢侈，一种“没有用”的东西，而是生命本身。我这里所说的创造，并不一定是写了一首诗，创作了一首歌或者一幅画，而是如我所说：让本不存在的，变为存在。

如果一个人容许自己真正活着，她就一定会在每天的生活里创造着自己和她周遭的世界。这不是什么仅属于艺术家的事情，而是我们活着的根本。

为什么这么说呢？

如果我们容许自己有生命力地活着，我们就一定会参与和经历这个世界，跟这个世界相遇。在这份相遇中，我们感受到了某些东西，这些东西需要被我们用某种才华和天赋表达出来，这就是我们的创造。比如一个画家作画，不可能是凭空的，而是她首先在对生活的参与中看到了什么，或者感受到了什么，然后用她绘画的才华把自己感受到的表达出来，这就是创造。

同样，当我们与某个人相遇时，这种相遇可能让我们感受到爱、理解和真情，也可能是愤怒、委屈和悲伤，这些我们对相遇的反应，我们共同创造了一份独一无二的关系，它本身，也是一种创造。当然了，很多人根本不容许自己与他人相遇，他们用假面代替真实，用肤浅的对白代替真正的对话，用掩饰和隐藏自己代替真正让别人看到，那么真实的连接就无法被创造。

创造并不是仅属于艺术家的奢侈品，它是生命的根本。

我们为什么害怕创造

如果说创造就是生命本身，我们为什么还是如此害怕创造呢？

因为创造就意味着，至少一部分的我们，被改变了，我们失去了从前的自我认同，我们不再如此确定自己是谁，所以我们开始焦虑了。

罗·洛梅在《创造的勇气》（*The courage to create*）这本书里说："因为我们在"相遇"中，和这个世界的关系改变了，因为我们的自我认同受到了威胁，世界不再是我们从前所经历的样子，并且因为自我和世界总是相连的，我们也不再是从前的自我。过去、现在和未来组成了新的整合。”

我们感受到的焦虑是暂时的无根感，无方向感，它是对虚无的焦虑。

举个简单的例子。我们都渴望爱与被爱，但它似乎又是一件让人害怕的事情，为什么呢？也许因为我们既渴望被人看到，同时又害怕被人看到；我们既渴望看到别人，又害怕真正看到别人。

不管是真正看到还是被看到，都是罗·洛梅所说的“相遇”（encounter），这种相遇改变了我们和另一个的关系，因为这段关系，我们也不再是从前的我们，这种感受的确是让人害怕的。

这也是心理学家奥托·兰克所说的对于被抛弃和被吞没的恐惧。让我来稍作解释。奥托·兰克说，在一段关系里，我们都害怕被抛弃，因此渴望跟另一个人融合；同时我们都害怕被吞没在一段关系中没有自我，因此

渴望自主。每个人都在这两种力量中寻找着自己的平衡。

可以说，与另一个人相遇、相爱，会让我们处于被抛弃或者被吞没的可能之中，从而彻底地改变了我们的自我认同，因此，爱，或者更准确地说，创造爱，才是一件让人害怕的事情。

如果说创造需要我们投入，需要我们与他人和世界“相遇”，那么可以说任何的创造都会让我们焦虑。而真正的活着，就是容许自己带着这份焦虑，去创造新的可能性，去创造新的关系。

我们要如何创造自己

如果说创造就是生命本身，那么也许我们对自己生命最大的责任，就是创造自己，成为我们自己。我们创造的其实不仅仅是自己，还有我们周遭的世界。

罗·洛梅说：“创造是一个有强烈觉知的人跟世界的相遇。”

所以如果我们要创造自己，首先需要跟这个世界相遇。换句话说，我们需要参与到自己所在的世界中，并且是全心投入地参与。

保罗·科埃略在《少女布莱达的灵修之旅》这本小说里讲了这样一个故事。

布莱达5岁时，和父亲一起去海滩。父亲让她试试海水的温度。她很高兴地跑到水边，让脚趾浸在水中。

“我把脚伸进水里了，水很凉。”她对父亲说。

父亲抱起她，毫无预警地把她扔进了水里。她起先吓了一跳，但马上因为这个恶作剧开心地笑了。

“水怎么样？”父亲问。

“棒极了。”她答道。

“没错。从今以后，如果你想了解什么，记住要全身投入。”

我用自己20多年的生命历程证实，我们可以选择永远浮于表面的生活，让主流价值、社会期待和父母对我们的期待来定义我们是谁，我承认这种浅浅参与自己生活的方式让我觉得安全，毕竟我符合所有人的期待，不是吗？可是它却在一点点杀死我，因为我从不知道自己内心最真实的渴望、恐惧、梦想以及抛开这些期待后的我，究竟是谁。

我们可以不跟这个世界相遇，可以一辈子跟自己的伴侣浅浅地相识，永远不让自己全身心地去爱，去了解一个人和被一个人深深影响。如此这般，我们也不用担心被抛弃或者被吞没，反正我们从未真正爱过。可是它也会杀死我们，它会让一段关系形如枯槁，它会榨干我们所有的活力，它会让我们失去爱的能力。

创造自己让我焦虑，但我仍选择这么做。

因为创造是我的生命本身。

除了爱情与婚姻，我们还可以谈些别的

| 慕棉

在是“女人”之前，我们首先是“人”，而后者才是一个“人”的核心。

你还记得你小时候的梦想吗？你想当个科学家，甚至宇航员，飞向外太空……那时候，你的梦想是如此纯粹，你从不知道梦想或理想，还需要分男女。然而，是从什么时候开始，你的想法变了呢？

你开始对自己的长相不够满意，对自己的身材挑剔，甚至对自己的穿衣打扮反反复复地进行“修理”。你幻想着爱情，你甚至挖空心思琢磨着伴侣的心意；你憧憬着婚姻，甚至不惜把人生变成一场无休无止的“婚姻保卫战”……慢慢地，好像你的人生本来就应该如此了。梦想越来越远，你的世界越来越小。而这一切，究竟是怎么开始的呢?

毛姆的《面纱》是他作品中的异类，然而，却让我看到了他对女性的冷酷讥诮下的反思与洞明。今天，我们就跟随毛姆的眼睛来一起看看，女性千百年来的沉沦及觉醒的漫长道路。

女人，不是男权的玩偶

《面纱》的故事很简单，用句玩笑话甚至可概括为“一个女人出轨引发的血案”。这放在我们今时今日的当下社会，恐怕还会带来大量的谩骂与侮辱。然而，这个毛姆几十年前写就的故事，却早已揭开了那层阻碍女性觉醒的“面纱”，其内核也早已超越了爱情或婚姻。

面对丈夫的冷漠嘲讽，凯蒂说：“我觉得你对我有失公正。因为我愚蠢、轻佻、虚荣，你就责备我，这对我是不公平的。我就是被这样教养大的，我身边所有的女孩都是如此……你不能因为一个人不喜欢听交响音乐会，就责备他不会欣赏音乐。你不能强求我具备我没有的东西。我从来没有欺骗过你，假装我会这会那。就像你不能指望到集市的货摊上买到珍珠项链和貂皮大衣，你去那儿只能买到锡做的小号和玩具气球。”

这段话，无疑是女性对男权压迫发出的振聋发聩的声音。千百年来，男权社会对女性进行的愚化从未停止。曾经社会不给她们平等的受教育的机会；用贞操链或割礼来锁住她们的身体；用各种各样的舆论裹挟来把女性变成妆容精致、装扮得体的玩偶；然后又反过来责怪女人愚蠢、轻佻、虚荣，甚至认为“女人是没有智慧的低等生物”。这个逻辑是多么可笑啊。

然而，更可笑的是，这个逻辑到今天依然没有消失，依然折磨着今天的女性。Lisa生于20世纪80年代早期，在她成长的过程中，人们不遗余力地告诉她，女性的智商在青春期发育后就会明显不如男性。他们说，要不然怎么世界各地女性领导人凤毛麟角呢？这样的言论和压力，使得她极度缺乏自尊，常常怀疑自己长相难看、身材不好，因而影响了学习。最终她放弃高考，进入了一所中专学习。而这恰恰成了她永远的遗憾，也造成了她更深的低自我价值感。

而从这个角度来说，男权对女性的压迫，远比白人对黑人的奴化要更加深重，而奴化的逻辑又是如此类似。即使是在《飘》这样的著作中，人们也相信，一个好人，让黑人做奴隶，是对他们的爱护，因为他们的智商不足以离开主人独自谋生。然而，当代美国就已经出现了黑人总统。同样，世界政治、经济、文化、科技等方方面面的格局里，也都不再缺少女性的身影。

所以，从来都不是这些被奴役的人们，无论女性还是黑人，天生缺少了什么，而是他们被剥夺了与生俱来的应有的自我发展和自我实现的权利。而女性，如果爱美，那也该是自己的选择，而不是社会强加给女性的所谓的“天性”，更不该变成女性被圈定智慧和精力的牢笼。

女人，不是繁衍的工具

与Lisa恰恰相反，Linda的父母当年因生了她这个女孩，又赶上了独生子女政策，而被祖父母辱骂“绝后”。于是，她从小立志“不能比男人差”，现在的Linda，年纪轻轻已是五百强企业中层。然而，她却发现自己依然不快乐。

因为那些当初瞧不起她的人，依然故我，只不过内容变了：一个女孩何必那么拼呢？都这么大了，什么时候带男朋友回家啊？可得抓紧结婚啊，现在老大不小了，别挑了，差不多行了。奔三，可就成了没人要的“剩女”了。为此，Linda甚至感到绝望。原来，自己再怎么努力也无法改变“自己是个女孩，就不如男孩”的“事实”；无论自己多么成功，也无法改变“没有结婚没有生孩子就是个失败者”的“事实”。

电影《亲爱的》最让我动容的地方，不是父母丢失孩子的痛，也不是孩子被拐卖的伤，而恰恰是女主不能生育的莫须有罪名。在“不生育不配活”的洗脑逻辑下，女主的人格扭曲到了极点。她宁肯装聋作哑、违背良心，养育买来的孩子才能给自己活下去的勇气和动力。而讽刺的是，就在她为了夺取孩子无所不用其极，甚至不惜出卖肉体后，却怀孕了。原来，她从来都没有不孕，那个不孕的人是“男人”。

由此可见，这部电影的反思是深刻的，对女性的理解也是深入的。然而，现实却并非都如此乐观。某个小品，居然还出现了“你们家三代单传，我不能怀孕，怕被抛弃才主动离开”这样的言论，而男性不离婚，愿意陪妻子治疗不孕不育居然成了“正能量”。可见，把女性作为繁衍工具这个集体意识是多么根深蒂固。丝毫不允许人们有懈怠之心，否则随时都可能卷土重来，死灰复燃。

成为母亲，是上天赋予女性的“最大创造力”，然而，是否去完成这个创造却来自女性的自由意志和自我选择。成为母亲，是有价值的事情，然而女性的价值，却不止可以通过做母亲这条路来实现。就像《面纱》里，真正带给凯蒂以启发的恰恰是那些选择终身不嫁、不孕、不育的修女，在她们身上，凯蒂看见了“生命更大的意义”。

女人，你的名字不是弱者

但丁说，女人，你的名字是弱者。这是男权对女性的定义。在这个定义基础上，你会发现一个神奇的悖论产生了——如果你不够优秀，那么你的愚蠢，就验证了他们的女性低等理论。而如果你足够优秀，你的优秀又变成了指责你的利器——不甘于寂寞、太好强、有野心等罪名又加诸你的身上。也许，女人本身是什么样的，在男权的思维体系里，从来不重要，“弱女子”和“女强人”这两顶交替的帽子从出生就已经扣在了你的头上。

在这样的观念里，似乎除了关注美容、美妆、美服，以及“如何征服男人心”“这样的女人，男人永远不会出轨”“如何教养孩子”这类话题之外，作为女人，你做什么都是错的。优秀是错，不优秀也是错，改变的只是他们指责你的角度而已，却不可能改变他们对你的圈定与限制本身。

然而，那并不是女人的本来面目。正如凯蒂，这个看起来既虚浮又轻佻愚蠢的女人，只要给她以机会，她的觉醒也近在咫尺。她经历了灵魂的轻盈，领悟了生命的意义，这并不会从此让她面对生活的诱惑幸免于难，却可以指引她不断反躬自省，走向自己真正想去的地方。

女性的觉醒之所以艰难，并非女性本身的低能，而是因历史的沉重枷锁，而越发任重道远；因集体意识的绑架和裹挟，而越发长路漫漫。然而，越是如此，就越需要更多女性站出来，勇敢地展现自我。我喜欢的法国女演员伊莎贝尔·于佩尔在一次采访中被问到年龄，她反问：“我不认为这是个问题。我觉得这更像是男性的言论，而非真实的言论。”而她获奖后感谢导演的话是“感谢你，让我做自己”。

这也正是我所想表达的，我们从不否认爱情稳固的婚姻、幸福的生活……这些都是美好的。我们只是看到，梦想、理想、个人追求和自我实现，同样值得女性投注精力与才智，甚至值得投入更多。因为，在是“女人”之前，我们首先是“人”，而后者才是一个“人”的核心。而当你真正活出自己的时候，作为一个拥有健康的自我价值感的人，无疑才更可能创造稳定健康的亲密亲子关系以及和谐稳定的生活，就像六十岁依然故我的影后于佩尔。

而今年的奥斯卡提名影片《隐藏人物》，取材于真实历史事件，也是真正“正能量”的传播者。这些女性聪明智慧，睿智果决，她们能力超群，她们坚韧不拔，她们昂首阔步勇往直前，一步一个脚印地走出了女性独立的新篇章。

是的，几千年前，正是女性，创造了人类文明的最初起点。漫长的沉沦之后，百年前，女性再次觉醒。而几十年前，这些女性在开明男性的支持下，重拾信心，重返历史舞台，与男性携手，共同缔造了“NASA”的传奇，引领人类走向了外太空。那么，今天的你我，又有什么理由说我们不可以呢？

作者 | 慕棉，美国催眠协会&美国加州催眠学院认证催眠师，国际医学最高认证中心认证EFT情绪释放技术治疗师。从事各类心理心灵整合治疗工作。

希望你生孩子是因为爱，不生也是

| 魏相相

我们的选择总是会得到一个，而失去另一个。

最近大家都在讨论女性年过四十后是不具备生育能力的，是不是需要“代孕合法化”的建议，如果你是一名育龄期女性，对此你有什么看法？

今生不管我们是选择不生育还是选择再生二胎，这个讨论其实都在敲击着每一个人的心脏。作为一名育龄期女性，我们要真正去面对今生是否要成为一名母亲的选择，年龄对于女性最大的挑战其实就是生育。

以前二十五岁到三十岁是生育的黄金期，但随着科技的进步，这个生育的时间段已经在延长，现在对大部分人来说四十岁以前确实是生理最成熟、精力最旺盛的时候，这个时期每一个育龄期的女性都会面临生与不生的选择。

如果你选择不生孩子，你不生孩子的理由是什么呢?

赫芬顿邮报和 YouGov 网站有一份关于“女性为什么选择不生育”的美国国情调查。这份调查对如今的中国同样适用。看完我们就会了解，那些选择不生育的女性，对自己的人生有着更独到的见解，她们的选择不是“自私”，而是在跟随自己的内心。

•生育和教养孩子是一个人能从事的最难的工作之一，我不认为自己需要孩子来成为一个完整的人。我从未听过父母们说“我爱我的孩子”，但是却经常听到“我爱我的孩子，但是……”

•我认为选择不生孩子是很自然的事。你会问那些妈妈们为什么选择生孩子吗？所有人只是做让自己快乐的事！

•我从小就埋怨父母。他们在离婚时，我只有六个月大，我认为他们毫不负责。我不想我会成为那种父母，我也害怕我的孩子长大了不喜欢我。

不生孩子有这么多理由，选择生孩子肯定也有很多的理由，不管是哪一个理由让你选择生孩子还是不生，我们都要为自己的选择负责。

如果你选择不生孩子，你准备好面对自己和面对社会了吗？在这个基因里都流动着“不孝有三无后为大”“母以子为贵”的国度里，几千年的人类发展史中，生不生孩子都不是女性可以单独做出的选择。

当今的女性终于有了机会和力量去正视和尊重自己的选择了，不管是选择不生孩子还是选择不结婚，这都预示着我们来到了可以活出自己的生活方式的时代了，这是时代最大的进步，虽然我们会遇到自我的不确定、家人的反对，以及社会舆论的影响。

美国纽约大学的社会学教授艾里克·克里南伯格一直在关注美国的单身独居现象。在他的《单身社会》这本书里给出的结论是，单身社会，正成为一次空前强大、不可避免的社会变革，当人类发展越来越进步时，大家都有了更多的机会选择自己最想要的生活方式。

独身，这是一个人从家庭团体化走向个体化的变化的正常过程。因此女性选择生还是不生，是这个社会让我们有了更多的选择权。

今天在我们的周围，是这四类女性在做着生与不生的选择

第一类女性不想生孩子，但迫于两性关系、父母和社会的舆论

不得不选择生孩子。

第二类女性受过很好的教育，也有足够的物质保障和心理安全感，她们选择不生孩子，是她们非常清晰地知道自己需要什么样的生活方式。

第三类女性具有独自养活孩子的能力，也想要生孩子，但还没有找到自己爱的人，法律又不支持非婚生孩子的户口等问题，她们只好等待。

第四类女性喜欢生孩子，也遇到了想要和自己生孩子的人。这类女性从备孕、怀孕到生产的过程都透出爱的光芒，因为喜欢和爱生孩子，让她更有耐心接纳，她们在生完孩子后也能很快度过分离期，在养育孩子的过程中觉得生命里的喜悦越来越多，内心更放松平静。

因此不管这个社会在发生着什么样的变革，我们最重要的是去选择能带给自己爱和喜悦的生活方式，这才能真正为自己和孩子负责。

目前选择不生孩子的女性及男性还是小众，人们对于选择了和自己不同方式的人还是有诸多的微词甚至攻击，其中有些是善意的，有些则是恶意的。对于男性选择不生孩子，承担的压力相对小很多，而人们对女性选择不生孩子的评价就更恶劣了。

以下是大家经常会对选择不生育孩子的女人说的：

不生孩子的女人是不完整的女人。

女人不生孩子还有什么用，我为什么要和她结婚？

你不正常吧，是身体有病生不出来吧？

不爱孩子的女人还是好女人吗？

你们感情不好啊？生一个孩子就好了。

没有方向感，情绪多是没有生孩子的原因，有了孩子就好了。

生孩子是最大的创造，当女人创造了孩子才会获得极大的满足。

不生孩子就失去了当母亲的乐趣，以后想要时就来不及了。

我今年42岁，14岁时我就决定今生不生孩子，我在25岁时决定要做一些让我一生都有兴趣的工作，我学了西洋花艺、芳香疗法和心理学，我也遇到了同样不要孩子的爱人。因为没有孩子，我有时间去做自己喜欢的事情，画画、写作和旅行，我的生活没有因为选择不生孩子而有所缺失。

各个心理学流派都有一个核心的观点：当一个人具有选择的能力和对于选择的后果能自我负责时，这个人的心智就开始成熟，并具有获得幸福的能力。所以一个人生命的完整来自我们了解自己、认识自己，因此完整的过程是由我们自己来完成，并且是选择一个让自己幸福的生活方式，这一切都是在心理成熟时自动发生的。

孩子需要从一个满溢着爱、喜悦的温暖的身体里出来，生孩子是生命里最大的创造，这是在创造一个活生生的生命，但只有当我们真爱生孩子时，身体才能营造出这种爱的能量氛围。

当我们因为爱而选择生孩子时，我们创造的这个生命对于孩子和家庭乃至社会才有真正的意义，这个新生命才会带来传承的安稳和满足。

我们能在养育这个孩子时看见曾经的自己，有的妈妈感觉自己被疗愈和新生了，这个新生命能让你在不管遇到情感、物质还是健康的挑战时都有勇气渡过难关，养孩子辛劳的甜蜜“负担”，在你看着孩子的健康成长时也消失殆尽了。

当我们在情感、家庭和社会中，是基于妥协，或是怕孤独终老，生育就成了一个义务，我们会对孩子有诸多的期待和需求。

情感出了问题，孩子成绩不好，年老时孩子不在身边，外在的任何风吹草动都会影响我们脆弱的神经，把我们拉进担忧的情绪里，会无意间忽略孩子那颗需要无条件的爱的心灵。生活的重担、职业的压力和竞争每天都在轮番上演，爱的责任能够让我们更有力量去面对，但义务却会带来更多的压力，最终是让自己、孩子和家人都不快乐。

我们的选择总是会得到一个，而失去另一个。

如果我们选择生孩子，那么我们就选择了在孩子小的阶段，拥有和孩子在一起的时间；如果我们选择不生孩子，那么我们也拥有独自的时间，关键是哪一个是我们真正爱的。

如果我们选择不生孩子，那么就相当于放弃了所有想要孩子的男性，不生孩子是你的权利，要孩子就是对方的权利，这种牵涉到了创造生命的选择最好不要用情感来考验，更不要用你“爱我就得听我的”这种话来折磨彼此，有时候我们可能还会独自生活很久，我们是否准备好了呢？

当然，不管是哪一个选择，都有各种的挑战和难题，当妈妈的挑战是显而易见的，那么选择不生孩子的生活也并不轻松。

如果这些我们都考虑过了，就勇敢地去选择自己想要的生活方式，希望我们的选择都是基于爱，那么养育孩子的辛劳会被孩子的笑脸褪去，没有孩子的独处会被宁静充满。

以下是一些方法，分享给选择不生孩子的朋友，当然也适合每一个人。

1.选择一件你真正喜欢的事情，用养育一个孩子的心来深入学习。不管这件事有多难都要坚持下去，只要想着养一个孩子至少要十八年，那么经过十八年的积累，你一定可以把这件事情做到最好。

这可能是一门语言，学习语言让你有机会认识更多的人文，丰富生命体验；或是一门艺术，学习艺术是一个深似海的创造过程，既让你发展了艺术才华，也让你有品质地度过了时间。

2.好好赚钱，给自己买好保险，在危急时刻可以帮到自己，再根据自己的身体状态选一个自己喜欢的运动好好坚持，尽量让自己保持健康。

3. 如果你和爱人都决定不生孩子，给彼此更多的陪伴和创造出深度的情感互动。

4. 交几个和你有共同爱好的好朋友，一起探索生命、一起去旅行，把你的生活过得多姿多彩。

5. 多点时间快快乐乐地去陪伴父母，当我们能快乐地生活时，父母就会更容易理解我们的选择。

6. 当你快四十岁时要去留意你的身体，大自然赋予女性生孩子的身体属性，这个生育的属性一直在身体的潜意识里保留着，这个阶段你可能会莫名地体验到恐惧，有可能你会突然就变得很想付出，也可能会体验到空洞感，带着觉知和接纳的心会帮助你度过这个过程。

不管我们是选择当母亲，还是选择不当母亲，理由都是因为爱。

最好的女人，一定兼具两种属性

| 李月亮

既如太阳般热烈，又如月亮般柔情。

我的第一任领导S，24K纯女汉子，彪悍强硬，敢跟老总拍桌子那种，特别猛。

有次我列席领导会议，亲见她为了给我们争取最高年终奖，碾压中层，横扫高层，最终大获全胜。

有这么一位领导，我们部门在单位从不吃亏，啥好事儿都落不下。

当然，硬币的另一面是，她对我们也毫不手软。

S业务能力强，事业心重，常常加班加到睡办公室，好多前任领导攻不下的难关都被她搞定了。

大概在她心里，下属也都理应如此强大，所以不能容忍我们出半点儿差错，人人都被她狂风暴雨般摧残过。有个大姐，因为策划案做得不完善，被她暴跳着批得体无完肤，羞愤之下辞了职。

可想而知，我们对S的怕远比爱多，多得多。

不只我们，她老公、女儿也怕她，轻易都不敢给她打电话，有时她女儿甚至会先电话问我“妈妈有没有在忙，心情怎么样”，得到满意答复才敢联络她。

后来S离婚了，女儿毅然决然跟了爸爸。连法官都纳闷，说没见过如此排斥妈妈的女儿。

S懊丧很久，变得更加暴躁。

我从此对女强人有了心理阴影：自己不幸福，身边人也不快乐，何苦。

2

这一度也成为我懈怠工作的理由。

怀孕之初，我被孕吐折磨得欲癫欲死，工作虽不忙，但也觉得难以坚持，一门心思要辞职安养。

后来终于在怀孕七个月时，辞了。在家带娃到一周岁。

前期还是挺宽心的，深觉带好娃、顾好家才能避免重蹈S的覆辙。

但慢慢地，我认识了越来越多的全职妈妈，她们令我越来越恐慌。

比如付姐。她当时是二胎了，老大已经上小学。她老公特别忙，所以她除了带两个孩子，还要负责所有家务。我带一个已经鸡飞狗跳了，难以想象她的辛苦。

每次我们推着孩子在楼下聊天，都是她难得的休闲时光。而我们的交流，基本都是她在抱怨：婆婆告黑状，老大不写作业，老公天天冷脸，跟她没话，不许她买化妆品……她常常说着说着就哭了，一脸苦大仇深。

我被她哭得心惊。因为隐隐意识到那可能是明天的我。

付姐其实算得上贤妻良母了，一双儿女总穿得整齐漂亮，一日三餐都做得像模像样，老公厨房不进、拖布不碰，她都能忍。

但她不幸福。

何止不幸福，都快得抑郁症了。

3

我很快重返职场。穿上久违的高跟鞋职业装，开会、写稿、做策划。

忙乱，但心安。

我的领导Z也是个很能干的女人，但性格比当年的S柔和很多。

她去过很多国家，一肚子有趣故事，满脑子奇思妙想。

她会在审稿时转着笔玩，会在选题会上讲笑话，会端着咖啡去领导办公室谈工作。

她把我们的时间排得很满，布置工作精确到小时——“现在是九点，十一点你交给我”，这种。

但她绝不让我们加班。她自己也不加，到点就走，说要回家享天伦之乐——其实她才三十多岁。

有一次Z办公室的金鱼生了小鱼，她把老公孩子都招来看，一家三口嬉笑打闹着，开心得不行。

我们老总这样评价她：Z啊，就是活得特别美，还什么都不耽搁，恰到好处。

4

我后来想，Z的工作能力未必比我的第一任领导S强，家务也未必比付姐做得好，为什么人家就活得这么美?

因为她平衡。

工作和家庭平衡，没有顾此失彼，为了一个怠慢另一个。

性格平衡，该雷厉风行就雷厉风行，该柔情似水就柔情似水。

能力平衡，既有外在价值，让身边人满意，又能关照内心，满足自己需求。

其实如果你用心观察就会发现：所有活得好的女人，生命一定都实现了某种平衡。

人生是个复杂的综合体，里里外外，有无数个方面。只有这些方面和谐统一，达成平衡，才能获得稳妥的幸福。

未必样样完美，但必须避免太大的不完美。

就像木桶，所有的板子一样长，装的水才最多。如果短板太短，其他板子的优势，可能就被抵消了。

所以，若想幸福，就不能允许自己有太大的缺憾和漏洞，否则你的人生就潜伏着危机。

比如S，她个性强硬，忽视家庭，这都是不自觉间给自己挖的坑，坑太多、太大，栽进去在所难免。而内心再强大，掉坑里也不好受。

比如付姐，她没有事业，没有自我，性格又太柔弱，整天看老公脸色，跟婆婆争宠，付出再多也得不到认可，千辛万苦也换不来美满人生。

不平衡的生命，注定残缺。而那残缺的部分，就是你的隐患、软肋、死穴，迟早要给你致命一击。

有个故事，说有人见寺庙内金刚与菩萨形象各异，就好奇地问小和尚："金刚为何怒目？菩萨为何低眉？"

小和尚答："金刚怒目是为了降伏恶人，菩萨低眉是为了守护善人。"

——小和尚一语道出世间玄机：一个人要想得道成佛，心中既要住怒目之金刚，也要有低眉之菩萨。

横眉怒目，以披荆斩棘，对抗世间险恶。

低眉含情，以春风化雨，守护善和爱意。

真正"得道"的幸福女人，一定兼具两种属性：刚柔并济，能冲杀能守候，既如太阳般热烈，又如月亮般柔情，既给他人光热，又让自己愉悦。

如是，方得圆满。

作者　|李月亮，高人气自媒体人，畅销书作家。专业解决情感疑难杂症和人生纷繁谜题。用温柔有力的笔触，探寻有品质、有力量的生存之道。著有《愿你的生活，既有软肋又有盔甲》《世间最美是心安》等。

女性能量、创造力与香氛

唐露 Tania

女性的能量特质从本质上来讲，就是创造力。

女性的能量特质从本质上来讲，就是创造力。女性生育是人类文明的源头，是所有创造力的源泉，当一个孩子呱呱落地之后，新的生命蓝图已具雏形。女性先以血脉的方式把亲情和母爱带给子女，又将他们的体力和才智奉献给社会，循环往复，使社会得以延续、发展、进步。

创造生命能量让女性获得非常高质量的内在价值感与成就感，书写出生命的新篇章。这样的创造能量一直潜藏在女性的生命密码中，充沛的创造力等待着被探索、被挖掘，一旦创造力被允许展露出来，便会以各种渠道得以呈现：绘画、艺术、文学、音乐、香气……

女性在创造的同时也造就一个新自我，一个拥有内在力量的自我，一个不断探索生命蓝图的自我，一个充满爱和自信的自我……

从芳香植物人格来讲，女性的创造力源自对美的追求，通常是富含花朵型和种子型的人格特质，既爱一切美丽的东西，又喜欢充分发挥自己的创造性，去创造美的东西。在芳香疗法的领域里，探索“调香”对我来讲就是一个非常棒的创造。

借由嗅觉探索女性能量

嗅觉仍旧是最古老的潜意识密码，一缕香氛可以轻易地打开我们的心扉，它是唯一不经过左脑加工处理的感官体验，深入大脑的边缘系统和潜意识。

正如帕·聚斯金德在《香水》一书中写道：人们可以在伟大、恐怖和美丽之前闭上眼睛，对于优美旋律或迷惑人的话可以充耳不闻，但他们不能摆脱气味。因为气味是呼吸的兄弟，它随着呼吸进入人们的体内，如果他们要生存就无法抵御它。气味深入到人们的中间，径直到达心脏，在那里把爱慕和鄙视、厌恶和兴致、爱和恨区别开来。谁掌握了气味，谁就掌握了人们的心。

嗅觉和香气在探索女性能量方面有着独一无二的力量，当女性开始探索内在能量时，她的身与心都沉浸在迷人的香气之中，大脑里充满了各种香气的记忆和幻想，创造力就在此时此刻产生：

春天新发芽的枝叶特别嫩绿，散发出清新的叶片味道；
阳光明媚的下午，躺在草地上小憩，总是能够闻到若有若无的青草气息，彰显大地的生机勃勃；
夏日的大海清澈见底，却仍然有一股咸腥的海风扑面而来；
硕果累累的秋天，金灿灿的果实储存了满满的阳光，一剥开果皮，酸酸甜甜的水果清香让人忍不住流口水；
冬天的梅花在雪地里仍然傲然地挺立着，干净冷冽的空气与清甜的花香，让整个鼻腔都仿佛焕然一新。

当女性开始沉浸在香气记忆之中，她所看到的、所感受到的，都是美好的一面，借由心中的美好再去创造出更多的美好，把这种爱与美传递给身边的人、给整个社会。这种源自美的创造力，深深地滋养着女性的内在能量。

借由调香探索女性能量

香水这个词，从拉丁文perfumum衍生而来，意思是“穿透烟雾”。香气对人类而言，就仿佛是烟雾一般迷离，挖空心思想要捕捉大自然的香气，却仍然徒劳。尽管如此，现代工业的发达已经模拟出上千种大自然的香气分子，但香气仍旧像一阵风一样，不可捉摸。

在“调香”之前，我们往往先要审视内在女性能量不流通的地方。通常我们想要去探索内在的创造力时，往往需要身心都处于一个宁静平和的状态。但许多女性的能量往往堵塞在生殖轮、心轮或喉轮，内在的能量充满了压抑、冲突和矛盾，不能顺畅地发挥出来，在这个时候便可以借助植物精油的能量。

Jessica在初次调香的时候就有这样的体验，在我的一堂调香课上，我们一起品闻了十款精油，除了闻到果香的时候，Jessica感觉非常的舒畅，其他香气都让她觉得喉咙发痒，甚至想咳嗽。这便是喉轮的堵塞，植物精油的振动频率唤醒了她内在被压抑的能量，想要让她借机去突破自我，去顺畅地表达内在的需求和情绪。在生活当中，Jessica看起来是一个性格比较开朗的人，她有果实型人格的特质，平时是一颗开心果，但自己的痛苦却很少与外人诉说。

我引导她在闻香的时候去做深呼吸，吐气的时候把嘴微微张开，把气徐徐往外吐，越慢越好，借此去抒发内在的压抑。当她反复几次之后，心里的紧绷感已经减少了。这个时候再去品闻之前的精油香气之后，喉咙发痒的感觉也消失了。

不一会儿，她便开始着手进行自由调香，最终的香气作品感觉是在甜美的柠檬果香中伴随着一缕清新的叶片香，偶然间还能够闻到若有若无的花香，非常棒的作品。果香代表着她最舒适的人格特质，而叶片就是她的突破口，帮助她去沟通和表达，香气的层次性正好对应了她当下的能量特质。

如果你想要借由天然精油调香去发挥女性能量内在的创造力，那么试着自己去设计一款精油香氛，无论是用于熏香或者是制作香氛蜡烛、精油香水，都是非常棒的体验。

在设计“调香”配方之前，非常重要的一部分就是幻想，这个创作的过程需要充分发挥想象力，最重要的不是模拟出某种香气，而是通过这个香气去表达和呈现内心的能量状态。

· 若想表达内心是明媚阳光的心情，
  可以选用充满了阳光能量的甜橙、佛手柑、葡萄柚；
· 若想表达平和安稳的能量状态，
  可以选用同样来自于大地能量的岩兰草、玫瑰草、檀香；
· 若想表达轻盈流动的能量状态，
  可以选用清新叶片香气的迷迭香、尤加利、薄荷；
· 若想表达低落压抑的能量状态，
  可以选用香气低沉的广藿香、杜松、丝柏；
· 若想表达愤怒焦虑的能量状态，
  可以选用甜茴香、黑胡椒、丁香花。

无论你想试着用什么样的精油去制作香氛，别忘了闭上眼睛做几次深深的呼吸，静下心来感受自己内心的画面，看看当你品闻这款香气的时候，脑海里出现的是什么画面，身体的哪些部位开始有什么样的感觉，通过这样的体验来了解当下的自我是怎样的能量状态。

例如有的人闻到一枝玫瑰天竺葵，感觉香气的能量是往上走的，进入到大脑中。脑海中出现的是粉色的感觉，像情人的拥抱一样，很甜蜜的感觉，想起初恋的男友曾经的温情脉脉，很是怀念。

又例如有的人闻到一枝岩兰草，香气的能量是往下走的，走入到小腹中。岩兰草的气味很沉稳，刚刚闻却很难接受，就好像我们总是在不停地挑剔自己，不愿意接纳自己，脑海中出现的是老师、同学对自己的指指点点。

只要心可以安静下来，就能够感受香气的能量，并且与自己的内心做联结，呼吸和放松是非常重要的方法。

能量香氛 DIY 推荐

推荐一款我最近特别喜欢的香氛，淡淡的果香和柔和花香配合，非常清雅的香氛慢慢在鼻尖展开，仿佛有君子之交淡如水的感觉，忽远忽近却一直不曾离开。

这款香气表达了我当下的能量状态：在轻盈中又带着一丝自我

的满足，享受高雅的艺术，远离凡俗的乐趣。享受在快乐和满足中，内心充满了平和与宁静。

香气配方推荐：

Lime莱姆精油8滴+Neroli苦橙花精油5滴+ Petitgrain苦橙叶精油2滴+Lavender ture真正薰衣草4滴+ Sandalwood檀香1滴

使用方法推荐：

熏 香 法： 将上述精油混合后，滴入4–8滴在熏香机中使用。

古龙香水： 将上述精油混合后，在10ml的喷瓶中滴入20滴，再滴入10ml矿泉水，制作成10%浓度的古龙水（无酒精）。因精油不溶于水，请每次使用前摇匀。

香气滚珠： 将上述精油混合后，在10ml的滚珠瓶中滴入20滴，再滴入10ml植物油，制作成10%浓度的香气滚珠，涂抹在手腕和耳后，当作香水使用。

作者 | 唐露，国家二级心理咨询师，AIE国家婚姻与家庭咨询师，中科院心理所研究生，IFA国际芳香疗法治疗师。将芳香疗法与心理学结合起来，主要研究身心症的健康调理。